Todos los libros de Linkgua Ediciones cuentan con modelos de Inteligencia Artificial entrenados por hispanistas. Pregúntale al chat de tu libro lo que desees acerca de la obra o su autor/a.

Para ebooks: Accede a nuestro modelo de IA a través de este enlace.

Para libros impresos: Escanea el código QR de la portada con tu dispositivo móvil.

Obtén análisis detallados de nuestros libros, resúmenes, respuestas a tus preguntas y accede a nuestras ediciones críticas generativas para una experiencia de lectura más enriquecedora.
La transparencia y el respeto hacia la autoría de las fuentes utilizadas son distintivos básicos de nuestro proyecto. Por ello, las respuestas ofrecen, mediante un sistema de citas, las fuentes con las que han sido elaboradas.

Acarette du Biscay

Relación de un viaje
al Río de la Plata

Edición de Julio César González

Barcelona 2024
Linkgua-ediciones.com

Créditos

Título original: Relación de un viaje al Río de la Plata.

© 2024, Red ediciones S.L.

e-mail: info@linkgua.com

Traducción: Francisco Fernández Wallace.

Diseño de la colección: Michel Mallard.

ISBN rústica ilustrada: 978-84-9007-588-3.
ISBN tapa dura: 978-84-1126-663-5.
ISBN ebook: 978-84-9953-426-8

Cualquier forma de reproducción, distribución, comunicación pública o transformación de esta obra solo puede ser realizada con la autorización de sus titulares, salvo excepción prevista por la ley. Diríjase a CEDRO (Centro Español de Derechos Reprográficos, www.cedro.org) si necesita fotocopiar, escanear o hacer copias digitales de algún fragmento de esta obra.

Sumario

Brevísima presentación

La vida

La *Relación de un viaje al Río de la Plata* es un relato del viaje de Acarette du Biscay, aparecido en Londres en 1698, y entonces se tradujo con el título de *Relación de los viajes de Monsieur Ascárate du Biscay al Río de la Plata*.

Acarette du Biscay desembarcó en Buenos Aires entre marzo y abril de 1658. Más tarde Biscay viajó hasta Perú. Sus observaciones sobre estos países, se refieren a los habitantes, indígenas y españoles, y a las ciudades, comercio, fertilidad y riquezas.

Relación de un viaje al Río de la Plata

y de allí por tierra al Perú con observaciones sobre los habitantes, sean indios o españoles, las ciudades, el comercio, la fertilidad y las riquezas de esta parte de América

Los viajeros que recorrieron en la época colonial el actual territorio argentino, tienen ganado un puesto en el conocimiento de nuestra historia. No se puede prescindir de sus juicios, apreciaciones, informes o referencias, acerca del estado político, social, militar o religioso en el momento en que visitaron el Río de la Plata. Ofrecen en sus relatos coloridas pinceladas de la vida colonial. Algunos de ellos estuvieron vinculados a las cuestiones comerciales, por donde es posible conocer precisos datos acerca del desenvolvimiento económico; otros, trajinaron sotanas por casi todo el territorio, empeñados en la catequización, pero atentos al movimiento general de la sociedad de entonces, y no son los menos los que deambularon atraídos por yacimientos metalíferos, conquistados por la belleza serrana del norte, los nevados picos del oeste, las frías soledades del sur o la inalterable y serena majestad de la pampa. Ninguno, bueno es recalcarlo, puede ser despreciado por sus informaciones.

El rastreo atento entre la documentación o el cotejo con obras clásicas de nuestra historiografía —los cronistas en primer término—, hace posible confirmar o aclarar numerosas cuestiones. Paul Groussac nos dejó inquieto y erudito comentario en torno de un viajero holandés a bordo del

Mundo de Plata;[1] Vicente G. Quesada, en su introducción a las cartas de los jesuitas Gervasoni y Cattaneo, realizó igual intento,[2] no así José Manuel Estrada en sus comentarios acerca de las dos siguientes cartas de los nombrados religiosos, en que realiza simplemente acotaciones al método histórico de Macaulay;[3] Ernesto Quesada volvió a la senda de Groussac, empleando el material proporcionado por los viajeros en su estudio acerca de *La Ciudad de Buenos Aires en el siglo XVIII*[4] y Luis María Torres en la introducción al tomo documental sobre *Cuestiones de administración edilicia de la ciudad de Buenos Aires*, discrimina el valor histórico de los relatos.[5]

Tampoco puede esperarse una utilización consciente de todo el material proporcionado por quienes han visitado el Río de la Plata entre los siglos XVI y XIX, faltando —como faltan— colecciones a la manera de las compilaciones europeas de Thevenot, Harris, Churchill, etc., o ediciones en

1 Paul Groussac: Introducción al «Viaje de un buque holandés al Río de la Plata», en *Anales de la Biblioteca*, tomo IV, págs. 272-370, Buenos Aires, 1905. (N. del E.)*
* Las notas del editor pertenecen a la edición original, Buenos Aires, Alfer and Vays.
2 Vicente G. Quesada: Buenos Aires en 1729. Introducción a las cartas de los jesuitas Gervasoni y Cattaneo, en *La Revista de Buenos Aires*, tomo VIII, págs. 200-213, Buenos Aires, 1865. (N. del E.)
3 José Manuel Estrada: Los padres Gervasoni y Cattaneo, en *La Revista de Buenos Aires*, tomo VIII, págs. 552-560, Buenos Aires, 1865. (N. del E.)
4 Ernesto Quesada: La ciudad de Buenos Aires en el siglo XVIII según referencias de viajeros, en *Revista de la Universidad Nacional de Córdoba*, año V, Nos. 4-5, págs. 62-98, octubre-noviembre, Córdoba, 1918. (N. del E.)
5 Luis María Torres: Cuestiones de administración edilicia de la ciudad de Buenos Aires, introducción a *Documentos para la historia argentina*, tomo IX, Administración edilicia de la ciudad de Buenos Aires (1776-1805), Buenos Aires, 1918. (N. del E.)

cuya traducción se pueda confiar. Raras son también las relaciones bibliográficas y recién en nuestros días tenemos dos estudios generales acerca de los viajeros, debidos al distinguido investigador José Torre Revello[6] y al bibliófilo Alejo González Garaño,[7] sin que olvidemos un estudio similar para los viajeros de la época independiente de Carlos J. Cordero.[8] Esos trabajos cumplen con eficacia y son de indudable utilidad como instrumento de orientación para los estudiosos. Han abierto una huella en un tema escasamente recorrido y es de desear que inspiren a otros un análisis menudo y circunstanciado de las memorias y relaciones de cada uno de los viajeros, en los cuales se apunten los más variados problemas bio-bibliográficos y se coordinen y anoten críticamente sus relatos conforme con los conocimientos históricos correspondientes. Cumplimentada esta tarea previa de discriminación, devendrán las colecciones críticas, que depararán novedosas conclusiones, ratificando o rectificando cuestiones que son actualmente objeto de polémica o incertidumbre.

Acarette realizó dos viajes al Río de la Plata. El primero, bien determinado, se inicia a fines de diciembre de 1657,

6   José Torre Revello: *Viajeros, relaciones*, cartas y memorias (siglos XVI, XVII, XVIII y primer decenio del XIX), en Academia nacional de la historia, *Historia de la Nación Argentina* (desde los orígenes hasta la organización definitiva en 1862), dirigida por el doctor Ricardo Levene, tomo IV, primera sección, El momento histórico del virreinato, págs. 545-585, Buenos Aires, 1938. (N. del E.)

7   Alejo González Garaño: Advertencia al viaje al Río de la Plata y Chile (1752-1756), en Sociedad de historia argentina, *Anuario de historia argentina*, vol. II, 1940, págs. 511-517, Buenos Aires, 1941. (N. del E.)

8   Carlos J. Cordero: Los relatos de los viajeros extranjeros posteriores a la Revolución de Mayo, como fuentes de historia argentina. *Ensayo de sistematización bibliográfica*, Buenos Aires, 1936. (N. del E.)

finalizándolo en Buenos Aires a los ciento cinco días de navegación, entre los meses de marzo o abril del año siguiente. Recorrió luego la ruta desde el Plata hasta Potosí, y vuelto a Buenos Aires partió de regreso en mayo de 1659, arribando a Santander con algún retraso, a causa de la colaboración que debió prestar en la isla de Fernando de Noronha a la nao holandesa del capitán Isaac de Brac.

El segundo viaje de Acarette, sin licencia real y con el pretexto de perseguir a los lusitanos en las costas brasileñas, se verificó sin fecha precisa, si bien sabemos que tuvo lugar durante el gobierno de Alonso Mercado y Villacorta (1660-1663).

Las alternativas de estos dos viajes de Acarette constituyen «uno de los más fieles reflejos de la realidad en la época en que visitara a Buenos Aires, haciendo descripción amena de la ciudad y su campaña, habitantes y costumbres, aportando a la vez valiosas informaciones sobre el aspecto económico».[9] Sin embargo, recayó sobre él un largo silencio, y un olvido completo. Se lo mencionaba como ejemplo de exageración y ausencia de sentido crítico, pues más se leyó como disparatado relato de un visionario o fantástico viajero, que como obra basada en un viaje efectuado con inquietud y espíritu atento a las novedades que como europeo se le ofrecían. Como si ello no fuera bastante, la segunda edición inglesa del relato de Acarette aparece como obra anónima, dedicada al Directorio de la *South Sea Company* y entre nosotros se mantiene casi totalmente ignorada la edición original que en idioma francés apareció en la Colección de Thevenot, que tan solo hemos podido manejar a través de los comentarios de Camus en su *Mémoire sur la collection des grands et petits voyages, et sur la collection des voyages*

---

9   José Torre Revello: *Viajeros, relaciones*, etc., pág. 550. (N. del E.)

de Melchisedech Thevenot,[10] a quien han seguido todos los tratadistas bibliográficos.

Esta rara colección de viajeros se titula *Relation de divers voyages curiex qui n'ont pas été publiés, et qu'on a traduits ou tirés des originaux y consta de cuatro partes agrupadas en dos volúmenes.* «Les collecctions complètes sont excessivement rares chez l'étranger; elles ne sont pas communes même en France», podía decir Camus en 1802, y Brunet, sesenta años más tarde, también señalaba la rareza de esta «Collection intéressante, dont il est difficile de trouver des exemplaires complets, parce que chaque partie est composée de pièces séparées».[11]

La primera parte apareció en 1663 —con nuevo título en 1666— la segunda y tercera en 1666 y la segunda y tercera en 1666 y la cuarta en 1672. A la muerte de Thevenot, el librero Thomas Moëtte publicó la colección con nuevos frontispicios datados en 1696, y agregándoles los trabajos que estaban destinados a constituir una quinta parte.

Pues bien, en la cuarta parte y con el número XXXVII apareció, por primera vez, en 1672 la *Relation des voyages du S... dans la riviére de la Plate, et de lá par terre au Pérou.* Camus expresa que «le nom de Vauteur de cette relation est resté en blanc, tant dans ce titre, que dans le cours de la relation. Il est exprimé dans le frontispice particulier, qui porte: Voyage du S. Acarette à Buenos Ayres, etc.»[12] Respecto del autor del relato no aporta Thevenot ningún antecedente, limitándose a decir que «l'auteur ne lui est connu que sous le

---

10 A. G. Camus: *Mémoire sur la collection des grands et petits voyages, et sur la collection des voyages de Melchisedech Thevenot*, París, 1802. (N. del E.)
11 Jacques-Charles Brunet: *Manuel du libraire de l'amateur de livres*, tomo V, pág. 810, París, 1864. (N. del E.)
12 A. G. Camus: *Mémoire sur la collection*, etc., pág. 325. (N. del E.)

nom du S. Acarette, qui est peut-être supposé». «C'est apparentement —agrega por su parte Camus— cette raison qui l'a empêche d'exprimer le nom dans le cours de la relation».

Como Camus advierte que «n'en connois pas d'autre édition que celle de Thevenot», debemos estimar que fue el texto utilizado en la primera edición inglesa de 1698 y en donde ya aparece Acarette convertido en Acarette du Biscay; es decir, que al nombre del viajero los editores consideraron conveniente agregarle el lugar de origen. Esta segunda edición corrió bajo el siguiente título: *An / account / of a / voyage / up the River de la Plata, / and thence over Land to / Peru. With observations on the inhabi / tants, as well Indians and Spaniards; / the cities, commerce, fertility, and / riches of that part of America / by Mons. Acarette du Biscay / London: / Printed for Samuel Buckley, at the Dolphin / over agait St. Dunstans Church in / Fleetstreet. 1698, integrando un volumen de viajes que se titula Voyages and Discoveries in South America, The First up the River of Amazons to Quito in Peru, and back again to Brazil, perform'd at the Coinmand of the King of Spain by Christopher D'Acvgna. The second up the River of Plata, and thence by Land of the Mines of Potosi. By Mons Acarette. The third from Cayenne into Guiana in search of the Lake of Parima, reputed the richest Place in the World. By M. Grillet and and Bechamel. Done into English from the Originals, being the only accounts of those Parts hitler to extant. The whole illustrated with Notes and Maps. London, 1698.*

A consecuencia de los convenios suscritos al término de la guerra de sucesión española, se suscitó en Inglaterra un vivo interés por conocer las colonias americanas en las cuales debía actuar la South Sea Company. Estaba autorizada por el tratado de asiento de negros (marzo 26 de 1713) a introducir

1.200 esclavos anuales por el puerto de Buenos Aires, de los cuáles una tercera parte serían internados hacia los reinos de Chile y Perú. Ello nos explica el por qué se realizara una nueva edición, la tercera, del relato de Acarette. Apareció en Londres, en 1716, en forma anónima, ocultándose su autor en la vaga referencia de Mr. R. M., que aparece dedicando su obra al Honourable the Court of Directors of the South Sea Company. El título de esta tercera edición es el siguiente: *A / Relation / of / Mr. R. M's Voyage to BuenosAyres: / And from thence by Land to Potosi. / Dedicated to the Honourable the / Court of Directors of the South / Sea Company. / London / Printed by John Darby in Bartholornew Close. / M.DCC. XVI.*

La que podríamos considerar cuarta edición de Acarette y primera en castellano apareció en dos partes en el tomo XIII de *La Revista de Buenos Aires*, que dirigían Miguel Navarro Viola y Vicente G. Quesada.[13] La traducción corrió al cuidado de Daniel Maxwell, quien dejó constancia de que había utilizado la primera edición inglesa, por cuanto en la de 1716 «se han hecho varias supresiones y alteraciones», bien que son de escasa importancia y en poco modifican el texto de la edición de 1698.

Esta nueva edición castellana ha sido realizada sobre la base de las inglesas, siendo lamentable que no se hubiera podido cotejar con la original francesa que nos ha sido imposible localizar.[14] De todos modos era necesario volver nuevamente a este viajero, en la seguridad de que se puede

13 *La Revista de Buenos Aires*, tomo 13, págs. 3 y 211. (N. del E.)
14 Tampoco debió conocerla el traductor Maxwell, por más que la citó al empezar la segunda parte. Es indudable que al iniciar la traducción desconocía la existencia de la primera edición francesa en el Thevenot, que le debió ser comunicada por el general Bartolomé Mitre o algún allegado a su famosa biblioteca americana, en donde se guar-

mejorar el concepto de lo que quiso decir acerca de algunas cosas que fueron tildadas de exageradas o fabulosas. Entendemos que cuando Acarette refiere lo que ha visto, es ajustado en su relato y podemos dar fe a sus manifestaciones; no así cuando menciona episodios y acontecimientos que sabe de segunda mano. La exageración en este caso habría que cargarla a cuenta de sus anónimos informantes, siempre malintencionados o burlones. No puede quedar duda alguna acerca de la ingenuidad de Acarette. No le faltó sentido crítico cuando consideró conveniente aplicarse cuidadosamente al comentario, pero no siendo observador de la idiosincrasia de los americanos, se dio de lleno a ellos, no advirtiendo en las ocasiones en que recibía informaciones de personas de escasa seriedad o propensas a las chanzas con las cuales dejaron maravillado al viajero. Acarette parece haber recorrido el país mirando con ojos avizores y entusiastas sus bellezas naturales y los encantos de sus mujeres. Admiró cuanto prodigio de la naturaleza encontró en sus viajes por el interior y creyó posibles otras maravillas que le fueron narradas.

Compruébase el valor informativo de Acarette con la explicación que ofrece sobre el itinerario de la carrera de postas al norte; el Potosí, sus minas y sus fiestas y el sistema comercial de flotas y galeones que se aplicaba en la época. El procedimiento de que se vale para extraer una fuerte partida de oro y plata, burlando la vigilancia de una administración que gustaba dejarse sobornar, por más corrompida que ella

daba un ejemplar de la citada obra bibliográfica de A. G. Camus. En efecto, Maxwell cita a Thevenot a través de Camus. (N. del E.)

fuera, por lo menos vale como demostración de un sistema corriente.

Se ha dicho que los «porteños de entonces le fantasearon bastante para reírse de él».[15] Esta opinión resume los resultados a que se puede llegar con el análisis del relato de Acarette. Como es posible discriminar aquello que es aporte extraño a la personal observación de su autor, el relato de este viajero conserva su interés documental acerca del primer siglo de colonización en el Río de la Plata y Alto Perú.

Julio César González

15 Rómulo Zabala y Enrique de Gandía: *Historia de la ciudad de Buenos Aires*, tomo I (1536-1718), pág. 276, Buenos Aires, 1936. (N. del E.)

Relación del viaje

La inclinación que siempre tuve a viajar, me hizo abandonar siendo muy joven la casa de mi padre, y puedo asegurar que no me impulsaba tanto a ello la mera curiosidad de ver países extraños, cuanto la esperanza que abrigaba de adquirir conocimientos y desarrollar mi inteligencia, cosa que en el futuro podría serme provechoso no solo en mis negocios particulares, sino también haciéndome más útil a mi Rey y a mi patria, el cual declaro fue el principal móvil de mi viaje. Fui primero a España, donde permanecí el tiempo suficiente para aprender el idioma, particularmente en Cádiz. Dominábame el deseo de ir a las Indias Occidentales, posesión de los españoles; con frecuencia había oído hablar de la belleza y fertilidad del país y de las grandes riquezas que se extraían de él; pero ocurrió que tuve muchas dificultades para poner en práctica mi proyecto, porque es muy difícil para un extranjero trasladarse a aquellas regiones.[16] Pero se presentó una

16 La legislación solo permitía a los súbditos castellanos pasar a las Indias, negando a los extranjeros y en los primeros tiempos hasta a los naturales de otras regiones de España, la autorización pertinente. Para comerciar se requerían dos condiciones: ser vasallo de Castilla y tener licencia real; la carta real de naturalización permitía a los extranjeros su paso al Nuevo Mundo. (Diego Luis Molinari *La Representación de los hacendados de Mariano Moreno y su ninguna influencia en la vida económica del país y en los sucesos de mayo de 1810*, 21 edición con apéndice documental, págs. 10 y sigs.; Ricardo Levene: *Introducción a la historia del derecho indiano*, págs. 99 y sigs., Buenos Aires, 1924; José María Ots Capdequi: *El estado español en las Indias*, pág. 22 y sigs., México, 1941, donde sintetiza lo que llevaba dicho en Los portugueses y el concepto jurídico de extranjería en los territorios hispanoamericanos durante el período colonial, en Estudios de historia del derecho español en las Indias, publicado por la Universidad Nacional de Bogotá, 1940). (N. del E.)

oportunidad que favoreció mis designios y me dio ocasión de llevarlos adelante, de la siguiente manera.

En el año 1654, Oliverio Cromwell, a la sazón Protector de la Comunidad de Inglaterra, envió al Almirante Blake con una flota de buques de guerra hacia las costas de Algarve y Andalucía, a esperar los galeones españoles que vienen anualmente de las Indias. Habiendo sido advertidos de ello los españoles, resolvieron equipar una flota con toda rapidez para oponerse a los ingleses y frustrar sus designios. Con ese fin enviaron veintiocho buques de guerra y seis brulotes, bajo el mando de don Pablo de Contreras, cuyo Vice-Almirante era el Almirante Castana a bordo de cuyo buque me hallaba.[17]

Las dos escuadras se avistaron mutuamente cerca del Cabo San Vicente, donde permanecieron muchos días; mas los ingleses, dándose cuenta de que no obtendrían nada con ello, se retiraron hacia Lisboa y los españoles pusieron la proa hacia Cádiz, adonde todos los galeones llegaron felizmente a comienzos del año 1655, excepto el Vice-Almirante, quien

---

17 Dionisio de Alsedo y Herrera, en *Piraterías y agresiones de los ingleses y de otros pueblos de Europa en la América Española desde el siglo XVI al XVIII deducidas de las obras de D... publícalas don Justo Zaragoza*, pág. 131, Madrid, 1883, nos proporciona algunos datos que concuerdan con el relato de Acarette. Este es oscuro tan solo en la explicación de cómo se encontraba en alta mar en una armada española, al mando de Pablo Fernández de Contreras, que desde 1643 a 1655 había estado al frente de las flotas como general de galeones. Según Martín Fernández de Navarrete, (Biblioteca marítima española, tomo II, pág. 518, Madrid, 1851), citado por Justo Zaragoza, Contreras dio cuenta desde el Cabo de San Vicente, el 27 de agosto de 1655, al Duque de Medinaceli, «de haber avistado la escuadra inglesa del General Blak, compuesta de 28 navíos», lo que confirma ampliamente la referencia de Acarette. (Alsedo y Herrera, pág. 131). (N. del E.)

se perdió en el Canal de Bahama, sobre las costas de la Florida.[18]

Algún tiempo después de esto, por haber declarado los ingleses más abiertamente la guerra a los españoles con la toma de Jamaica,[19] la navegación a las Indias Occidentales estuvo largo tiempo interrumpida por los cruceros de aquellos, que rondaban entre Cádiz y Sanlúcar, donde interceptaron varios buques que volvían de las Indias ricamente cargados, se apoderaron de uno de los mayores, quemaron otros dos y pusieron en fuga a los restantes; después fueron a las Canarias, donde quemaron la mayor parte de la flota que había llegado de Nueva España y esperaba órdenes de Madrid acerca de la ruta a tomar para escapar de las manos de los ingleses.

Mientras sucedían estas cosas, los holandeses, que trataron de sacar provecho de las dificultades en que se hallaba envuelta España, enviaron varios buques al Río de la Plata, cargados con mercaderías y negros, los cuales habían embarcado en Angola y el Congo. Habiendo llegado estos buques a dicho río y remontándolo hasta Buenos Aires, los habitantes de la plaza, que durante largo tiempo se habían visto desprovistos de las mercancías que estaban acostumbrados a recibir

18 Justo Zaragoza, basándose en Cesáreo Fernández Duro, (*Naufragios de la Armada Española*, pág. 16, Madrid, 1867) menciona el naufragio de la nave Almirante, al mando de Francisco Solís, en el bajo de los Mimbres, salvándose solamente 45 personas de las 600 que conducía. Además de un valioso cargamento de frutos americanos, transportaba cinco millones y medio de oro y plata, que poco después y mediante la actuación de varios buzos fue rescatado en su casi totalidad. (Alsedo y Herrera, págs. 136 y 139). (N. del E.)

19 Oliverio Cromwell envió (mayo 3 de 1655) al almirante Penn al frente de una escuadra y 6500 hombres, para que se apoderara de la isla de Jamaica. La posesión inglesa de la isla desde 1656 provocó una sensible disminución en el tráfico comercial hispanoamericano. (N. del E.)

por los galeones españoles (a quienes los ingleses impedían hacer sus constantes viajes) y que por otra parte carecían de negros y otras cosas, trabajaron tanto al Gobernador,[20] que, a cambio de un presente que obligaron a los holandeses a hacerle y satisfaciendo el pago de los derechos debidos al Rey de España, se les permitió desembarcar y comerciar allí.

Entretanto los ministros españoles, temiendo que la interrupción del comercio y la escasez de mercaderías europeas en aquellas regiones indujera a los habitantes a negociar con extranjeros, cosa que en interés de ellos está impedir cuanto pudiesen, creyeron conveniente otorgar licencia a varios de sus súbditos particulares para comerciar con las Indias por su propia cuenta y riesgo. Cierto caballero tomó una de dichas licencias y aparejó un buque en Cádiz, donde yo residía a la sazón; resolví embarcarme en él, y eso con la mejor buena voluntad, porque tiempo atrás tuve algunos negocios con

20 Acarette refiérese a don Pedro Baigorri Ruiz, designado gobernador de Buenos Aires el 23 de octubre de 1651. Asumió sus funciones el 19 de febrero de 1653, reemplazando al turbulento don Jacinto de Lariz, mas como éste «fue acusado de ejercer el comercio clandestino, enviándosele con tal motivo un juez pesquisador para juzgarle, pudiendo comprobarse que durante el tiempo que ejerció el mando habían entrado en el puerto, con el fin de comerciar, veintisiete navíos». Acarette es un testimonio irrefutable que justifica el que «por su indigna conducta conociese —Baigorri Ruiz— por algún tiempo las celdas de la prisión». (José Torre Revello: Los gobernadores de Buenos Aires (1917-1777), en Junta de historia y numismática americana [Academia nacional de la historia], *Historia de la Nación Argentina* (desde los orígenes hasta la organización definitiva en 1862), dirigida por el doctor Ricardo Levene, tomo III, *Colonización y organización de Hispano América, Adelantados y gobernadores del Río de la Plata*, pág. 487, Buenos Aires, 1937). Alonso Mercado y Villacorta, provisto gobernador de Buenos Aires en 13 de abril de 1658, sustituyó a Baigorri Ruiz a partir del 26 de mayo de 1660. (N. del E.)

dicho caballero.[21] Muy amistosamente consintió en dejarme
ir bajo su apellido, como sobrino suyo, para que pudiera yo
ocultar mi calidad de extranjero, que, de saberse, hubiera
impedido mi viaje, porque en España no permiten sino que
los españoles nativos vayan en sus buques a las Indias.

Izamos velas a fines de diciembre de 1657, en un buque de
cuatrocientas cincuenta toneladas,[22] y en ciento cinco días[23]
llegamos a la desembocadura del Río de la Plata, donde nos
encontramos con una fragata francesa, cuyo comandante era
el Capitán Foran, y luchamos con ella durante algún tiempo.[24] Nos libramos de la fragata y continuamos nuestra ruta

21 El «cierto caballero» y maestro de la nao era el capitán Ignacio de
    Maleo y el navío de registro denominado Santa Agueda, propiedad
    de Pablo García Santayana. Realizó el viaje a Buenos Aires con licen-
    cia real, trayendo a su bordo a treinta y cuatro misioneros jesuitas a
    la orden del padre Simeón de Ojeda, Procurador General de las Pro-
    vincias del Paraguay y otros pasajeros con las debidas autorizacio-
    nes. Debemos agradecer estos datos al distinguido investigador don
    José Torre Revello, que con su proverbial gentileza nos los ha pro
    porcionado de documentos inéditos del Archivo General de Indias
    de Sevilla. (N. del E.)
22 De ser exacto este dato consignado por Acarette, debemos admitir
    que en la solicitud de licencia el capitán Maleo redujo la capacidad
    del navío a 340 toneladas, según consta en la documentación inédita
    que nos facilitó el historiador José Torre Revello, conservada en el
    Archivo General de Indias, de Sevilla, en donde hasta se señala que
    el Santa Agueda era de construcción holandesa. (N. del E.)
23 Es decir, que debió hallarse en Buenos Aires en la primera quincena
    de abril de 1658. (N. del E.)
24 «En 1658 —dice Torre Revello, pág. 487—, tres navíos franceses, al
    mando de Timoleon de Osmat, llamado Caballero de la Fontaine,
    aparecieron de improviso en el estuario, lo que obligó al gobernador
    a tomar forzadas medidas de defensa, sin que se presentara ocasión
    de entablar lucha con la tripulación de los citados navíos». El navío
    Santa Agueda luego de reconocer una de las tres fragatas francesas,
    que dice mandada por el capitán Foran, procuró poner distancia en-
    tre ambas y arrumbar prestamente hacia el puerto de Buenos Aires.

hasta que llegamos frente a Buenos Aires, donde encontramos veinte buques holandeses y dos ingleses, cargados de regreso con cueros de toro, plata en láminas y lana de vicuña, que habían recibido en cambio de sus mercaderías. Pocos días después, tres de los buques holandeses, saliendo de la rada, se encontraron con el Capitán Foran y otra fragata denominada La Mareschale, comandada por el Caballero De Fontenay. Después de dura lucha, los holandeses abordaron y se apoderaron de La Mareschale, pasaron al filo de la espada a todos sus hombres y al caballero junto con los demás. [25]

Este accidente alarmó a los de Buenos Aires e hizo que se pusieran en guardia, imaginándose que había una escuadra francesa que venía al río para realizar una intentona contra su país. Por lo tanto resolvieron mandar pedir auxilio al Conde Alba de Liste, Virrey de todas las posesiones españolas en la América del Sur[26] y residente en Lima, en el Perú, quien hizo reclutar con mucha dificultad y alguna violencia

Coincide con estos datos de Acarette el cronista Pedro Lozano, (*Historia de la conquista del Paraguay, Río de la Plata y Tucumán, ilustrada con noticias del autor y con notas y suplementos por Andrés Lamas*, tomo III, pág. 437, Buenos Aires, 1874). (N. del E.)

25 Según Torre Revello, pág. 487, «los navíos franceses continuaron su asedio a Buenos Aires, hasta que fueron batidos por el navío de registro Santa Agueda, del que era maestre Ignacio de Maleo, con la ayuda de un navío holandés al mando de Isaac de Brac, apresando en el combate que se entabló a la nao capitana, llamada La Mareschale, a la que causaron bajas en su tripulación, y obligando a las dos naves restantes a abandonar a velas desplegadas el lugar de la acción». Pedro Lozano, describe en la pág. 438, las alternativas de la lucha. (N. del E.)

26 Don Luis Enríquez de Guzmán, Conde de Alba de Liste y Marqués de Villaflor: había sido gobernador en el virreinato de Nueva España entre los años de 1650 y 1653, pasando luego en iguales funciones al del Perú, donde desempeñó el elevado cargo entre el 24 de febrero de 1655 y el 31 de diciembre de 1661. (Alsedo y Herrera, pág. 135). (N. del E.)

un centenar de hombres, los cuales no fueron enviados hasta ocho o nueve meses después, bajo las órdenes de don Sebastián Comacho.

Pero antes de seguir más adelante, es conveniente que anote mis observaciones acerca del Río de la Plata y los países a través de los cuales corre. En aquellas regiones es llamado el Paraguay, aunque más vulgarmente el Gran Paraná, probablemente porque el río Paraná desemboca en él arriba de la Villa de las Corrientes. Su boca (que se encuentra a los treinta y cinco grados de latitud sur de aquel lado de la línea ecuatorial) está entre el Cabo de Castillos y el Cabo de San Antonio, alrededor de ochenta leguas del uno y del otro. Aunque sea lo bastante profundo en todas partes, la ruta más común en él, y la más utilizada por los marinos, está del lado norte, desde Castillos hasta Montevideo, el cual está a medio camino de Buenos Aires, y a pesar de que hay un canal en el mismo lado norte desde Montevideo a Buenos Aires, cuya menor profundidad es de tres brazas, sin embargo, para mayor seguridad, cruzan frente a Montevideo hacia el Canal Sur, porque es más ancho y tiene tres brazas y media de agua en el lugar menos profundo. Todo el fondo es fangoso, hasta dos leguas de Buenos Aires, donde se halla un banco de arena; allí toman prácticos para que los conduzcan hasta un lugar llamado El Pozo, justamente frente a la ciudad, distante un cañonazo de la playa, adonde no pueden llegar más buques que los que tengan licencia del Rey de España; aquellos que no tengan semejante permiso, están obligados a anclar una legua más abajo.[27] El río está lleno de peces, pero de todos

27 Ruy Díaz de Guzmán advierte en La Argentina (lib. I, cap. IV) «que el puerto de Buenos del relato de Acarette es uno de los más certeros, los navíos estando surtos donde llaman los Pozos, por estar algo distante de la tierra». Este pasaje del relato de Acarette es uno de los más certeros, siendo posible suponer que recibió informaciones del

ellos apenas hay siete u ocho clases que sean comestibles. Hay abundancia de esas ballenas llamadas Gibars y lobos marinos, que comúnmente paren sus cachorros en la playa, y cuya piel es adecuada para varios usos. Me contaron que cinco o seis años antes de que yo llegara allí, el río se quedó casi en seco durante algunos días, no conservando más agua que una poca en el canal central, y en realidad tan poca que la podían atravesar a caballo, como uno puede hacerlo en cualquiera de los ríos que desembocan en el de La Plata, en los cuales hay también muchísimas nutrias, con cuyas pieles se visten los salvajes.

La región del norte del Río de la Plata es de gran extensión, habitada tan solo por salvajes, llamados charrúas. La mayor parte de las islitas diseminadas a lo largo del río y las playas, están cubiertas de bosques infestados de cerdos salvajes. Desde el cabo de Castillos arriba hasta el Río Negro, lo mismo que desde dicho cabo hasta San Pablo, limítrofe con el Brasil, las costas están deshabitadas, aunque el país, especialmente a lo largo del río, parece ser muy bueno, atravesado por arroyuelos que bajan de los cerros hasta las llanuras. Los españoles se establecieron allí al principio, pero después se trasladaron a Buenos Aires, a causa de las dificultades que presentaba el cruce del Gran Paraná para ir al Perú.

Desembarqué con frecuencia más allá del Río Negro, pero nunca me interné más de tres cuartos de legua hacia el interior. Se ven pocos salvajes, ya que tienen sus viviendas bastante lejos, hacia el interior. Aquellos con quienes me en-

práctico que condujo a puerto al navío Santa Agueda. Rómulo Zabala y Enrique de Gandía en su *Historia de la ciudad de Buenos Aires* (tomo I —1536-1718—, págs. 249 q sigs., Buenos Aires, 1936) describen la entrada al puerto de Buenos Aires mediante una Relación del gobernador Pedro Esteban Dávila remitida a España en 1635, que corrobora los datos de Acarette. (N. del E.)

contré eran bien formados, gastaban largos cabellos y muy escasa barba; no vestían más que una gran piel, formada de pequeños trozos unidos, que les colgaba desde el cuello hasta los talones, y un pedazo de cuero bajo los pies, atado con tiras a los tobillos. Como adorno usan en la cabeza una vincha de género, la cual les cubre la frente y les mantiene los cabellos hacia atrás. Las mujeres no tienen otro vestido que esas pieles, que se atan a la cintura, y se cubren la cabeza con una especie de sombrerito hecho de juncos de diversos colores.

Desde el Río Negro hasta Las Corrientes y el río Paraná, el país está bien poblado de toros y vacas; hay también muchísimos ciervos, cuyas pieles se venden por legítima piel de ante. Los salvajes de la región del Río Negro son los únicos, desde el mar hasta allí, que mantienen correspondencia con los de Buenos Aires, y los Caciques y Curacas, sus jefes, rinden homenaje al gobernador de la plaza, de la cual están solo a veinte leguas. Una de las principales poblaciones españolas de esa banda es Las Siete Corrientes, situada cerca del punto donde se encuentran el Paraguay y el Paraná. Sobre el Paraná se hallan tres o cuatro aldeas, bastante alejadas unas de las otras y escasamente pobladas, aunque la región es muy apropiada para los viñedos y ya tiene plantados bastantes como para abastecer de vino a los pueblos vecinos.[28] Los habitantes están bajo la jurisdicción de un gobernador residente en Asunción,[29] que es la plaza más importante que tienen

28 Díaz de Guzmán (en el lib. I, cap. IV, de La Argentina) dice refiriéndose a la fertilidad de la tierra paraguaya, que da todo género de frutos de Castilla, «en especial viñas...». (N. del E.)

29 Don Juan Blazquez de Valverde, oidor de la Real Audiencia de La Plata, era a la sazón gobernador y capitán general de la provincia del Paraguay. Había asumido el mando el 21 de setiembre de 1656, depositándolo el 24 de diciembre de 1659 en manos de su sucesor, don Alonso Sarmiento de Sotomayor y Figueroa. Blazquez de Valverde había sido designado visitador de las provincias del Uruguay y del

los españoles en aquel lugar, y se encuentra aguas arriba del río Paraguay, sobre la banda del norte. Es la ciudad metropolitana, sede de un Obispo; tiene varias iglesias y conventos muy limpios, y está bien poblada de habitantes,[30] porque

Paraná y «enviado a depurar las denuncias contra los jesuitas, cuyas misiones visitó, empadronando a los indios y tasando los tributos debidos al Rey; dictó dos sentencias absolviendo a los Padres de los cargos que se les hacían; dejó impunes a los indios de Caazapá y de Yuty, que se resistieron a ser empadronados» (Blas Garay: Breve resumen de la historia del Paraguay, en Tres ensayos sobre historia del Paraguay, pág. 63, Buenos Aires, 1942, y Antonio Zinny: *Historia de los gobernantes del Paraguay*, 1535-1887, pág. 90, Buenos Aires, 1887). En 1657, Blazquez de Valverde señaló la jurisdicción de cada uno de los pueblos jesuíticos, de lo que nos hemos ocupado en Julio César González, Contribución al conocimiento de la cartografía colonial, en *Boletín del Instituto de Investigaciones Históricas*, tomo XXIV, págs. 59-91, Buenos Aires, 1940. (N. del E.)

30 No fueron muy fieles las referencias que Acarette recogió acerca del aspecto edilicio de la Asunción. Aun cuando el sentimiento religioso de los pobladores que había conocido podía hacerle esperar la existencia de «iglesias muy bonitas», cuanto puede consultarse al respecto contra dice su afirmación de viajero que escribe al dictado, pues de su relato no se puede extraer la firme conclusión de que navegase el río Paraná hasta el Paraguay. Ricardo de Lafuente Machain en La Asunción de antaño, Buenos Aires, 1942, dedica un capítulo a la Arquitectura religiosa, en donde, comentando un informe del gobernador del Paraguay don Juan Diez de Andino, fechado el 24 de abril de 1682, anota el estado deplorable de la Catedral de La Encarnación, y otra documentación recogida en esta interesante recopilación registra el estado ruinoso del Templo de la Compañía de Jesús y los dedicados a San Sebastián y a San Roque. Desde luego que alguna documentación que se conoce no coincide con la impresión favorable que anota Acarette, acerca de la ciudad antigua, pero contemporáneos han habido que la consideraron digna de alabanza y en sus oportunidades solían registrarlo con visible entusiasmo. Ruy Díaz de Guzmán, escribiendo en 1612 La Argentina, dice en el lib. II, cap. XIV, que la catedral asunceña estaba «hecha de buena y bien labrada madera, las paredes de tapia bien gruesa y cubierta de tejas hechas de una dura palma, y otros edificios y casas consistoriales de

muchas gentes ociosas, tales como las que han dilapidado sus fortunas y ya no pueden vivir en España o en el Perú, se reúnen allí como en su último refugio. La tierra abunda en maíz, mijo, azúcar, tabaco, miel, ganados, madera de roble apropiada para construcciones navales, pinos para mástiles y particularmente en esa yerba llamada yerba del Paraguay, con la cual realizan un gran negocio en todas las Indias Occidentales. Esto obliga a los comerciantes de Chile y del Perú a mantener correspondencia con los del Paraguay, porque sin esa yerba (con la cual preparan una bebida refrescante, con agua y azúcar, que debe beberse tibia) los habitantes del Perú, salvajes y otros, especialmente los que trabajan en las minas, no podrían subsistir, porque el suelo está lleno de vetas minerales y los vapores que se desprenden los sofocarían y nada sino ese brebaje puede restaurarlos, ya que los hace revivir y los devuelve a su antiguo vigor.

En esta ciudad de Asunción los indios nativos, lo mismo que los españoles, son muy corteses y obsequiosos con los

---

consideración, que ennoblecieron aquella ciudad de modo que estaba la República tan aumentada, abastecida y acrecentada en su población, abundancia y comodidad que desde entonces hasta hoy no se ha visto en tal estado». Según el mismo cronista, la Asunción estaba «fundada sobre el mismo río Paraguay al naciente en tierra alta y llana, hermoseada de arboledas, y compuesta de buenos y extendidos campos... La traza de esta ciudad no está ordenada por cuadras y solares iguales, sino en calles anchas y angostas, que salen o cruzan a las principales, como algunos lugares de Castilla». Los elogios de Díaz de Guzmán eran para la Asunción de la época inmediatamente posterior a don Domingo Martínez de Irala, es decir, hasta mediados del siglo XVI. Para el siguiente había variado en extensión y desde luego en calidad —digámoslo así— edilicia. El cronista paraguayo nos lo parece estar asegurando cuando recuerda que «ocupaba antiguamente la población más de una legua de largo, y más de una milla de ancho, aunque el día de hoy ha venido a mucha disminución». (N. del E.)

extranjeros. Se entregan a los goces con muchísima libertad, aun con respecto a las mujeres, de suerte que, siéndoles necesario con frecuencia dormir al aire libre (a causa del excesivo calor) tienden sus mantas en las calles y pasan la noche allí acostados, hombres y mujeres juntos, sin que nadie se escandalice por ello.[31] Teniendo abundancia de toda clase de cosas buenas para comer y beber, se entregan a los placeres y a la holganza, sin preocuparse de comerciar con el exterior, ni juntar dinero, el cual, por esta causa, es muy escaso entre ellos, contentándose con cambiar sus propios productos por otros que les son más necesarios o más útiles.

Más hacia el interior del país, es decir hacia el nacimiento del río Uruguay, existen muchos establecimientos de colonias, transplantadas allí por los misioneros jesuitas, quienes influyeron sobre los salvajes de aquellas regiones, que son naturalmente tratables, para que abandonaran sus bosques y montañas y se fueran a vivir juntos, en aldeas, en una comunidad civil, donde los instruyeron en la religión cristiana, enseñándoles mecánica, a tocar instrumentos musicales y otras artes convenientes a la vida humana. De suerte que los misioneros, que vinieron por un motivo religioso, se ven ampliamente recompensados por las ventajas temporales que pueden cosechar aquí. La noticia de que existían minas de oro en esta región no se pudo tener tan secreta que los españoles no tuvieran conocimiento de ella, y entre otros, don Jacinto de Lariz, Gobernador de Buenos Aires, quien hacia el año 1653 recibió órdenes del Rey de España de ir a visitar esos establecimientos y examinar su riqueza. Al principio fue

31 No podemos vacilar en aceptar esta observación del viajero francés si recordamos cuál era el género de vida que se seguía en el Paraguay en el siglo XVI, descrito en numerosas relaciones de la época comentadas recientemente por Enrique de Gandía, en *Indios y conquistadores en el Paraguay*, Buenos Aires, 1932. (N. del E.)

bien recibido, pero advirtiendo que empezaba a inspeccionar
sus riquezas y buscar oro, tomaron las armas, obligándolo, a
él y sus acompañantes, en número de cincuenta, a abandonar
el país.[32]

El Gobernador que le sucedió se informó más particularmente del asunto y para hacer mejor uso de sus conocimientos, entró en una estricta alianza con los jesuitas de su jurisdicción, quienes mantenían correspondencia con el resto de
la fraternidad. Y habiendo recibido una considerable suma
de los holandeses, para que los dejaran comerciar en Buenos Aires, convino con los jesuitas en que le proporcionaran
cien mil coronas en oro en cambio de plata, por la mayor
facilidad del transporte.[33] Pero este mismo Gobernador fue

32 Enrique Peña, en don Jacinto de Lariz, *Turbulencias de su gobierno
    en el Río de la Plata, 1646-1653*, Madrid, 1911, con apéndice docu-
    mental, ha estudiado diligentemente el período gubernativo de este
    irascible personaje, que inicia su mando el 9 de junio de 1646 y lo
    resigna el 19 de febrero de 1653 en don Pedro de Baigorri Ruiz. De-
    ficiencias de información o, como se ha dicho, porque «los porteños
    de entonces le fantasearon bastante para reírse de él» (Rómulo Za-
    bala y Enrique de Gandía, en *Historia de la ciudad*, etc., tomo I, pág.
    276), lo cierto es que no se produjo la expulsión que relata Acaret-
    te, aun cuando ese fuera el íntimo deseo de los jesuitas y el anhelo de
    los guaraníes, pobladores de las Misiones, molestos por la presencia
    del gobernador Lariz que a todo trance quería localizar las minas de
    oro de que le hablara algún indígena locuaz y burlón. (N. del E.)
33 No podemos abrir juicio acerca de la vinculación que mantuvieron
    Baigorri Ruiz y los jesuitas, pero no deja de ser sumamente fantaseosa
    buena parte de lo que se afirma en este párrafo. Cierto fue que el go-
    bernador percibió una «comisión» de parte de los comerciantes ho-
    landeses por permitirles el libre comercio en la ciudad. Ello le pudo
    constar a Acarette por referencias directas escuchadas tanto en el Río
    de la Plata como posteriormente durante su viaje al Potosí. Como que
    los comentarios eran tan elevados de tono e insistentemente repeti-
    dos que el teniente general de justicia y guerra, almirante Eugenio de
    Castro, en el acuerdo capitular del 19 de febrero de 1659 ordenó el
    levantamiento de una información, pues «como es publico en todo

arrestado por orden del Rey de España, por permitir el comercio de los holandeses con Buenos Aires, y se apoderaron de su oro, que le fue confiscado, oro que, una vez probado, resultó ser mucho más fino que el del Perú, y por estas y por otras circunstancias, descubrieron que procedía de las minas halladas por los jesuitas en estas regiones.[34]

En la banda sur del Río de la Plata, desde el Cabo San Antonio hasta treinta leguas de Buenos Aires, la navegación es peligrosa, a causa de los bancos que hay en el camino; por lo tanto van siempre por la banda norte, como lo dije antes, hasta llegar a cierta altura; entonces cruzan a la banda sur, la cual es muy segura, especialmente cuando el viento sopla

esta Siudad que en estas probinçias y en las del Peru se an esparsydo algunas calumnias manifiestamente falsas en perjuycio desta Siudad y en descredito del Señor maestre de Campo don Pedro de Baygorry Gobernador y Capitan general desta probinçia»; pues bien, los cabildantes convinieron «unanimes y conformes a una bosque se hiciese la información pedida «que tienen por cosa muy conveniente», más nunca volvieron a ocuparse de este punto. No pudiendo demostrar la inocencia del gobernador, acordaron echar tierra sobre las «calumnias manifiestamente falsas». (Archivo general de la nación, *Acuerdos del extinguido Cabildo de Buenos Aires*, publicados bajo la dirección del Archivero de la Nación José Juan Biedma por resolución del Excmo. Gobierno Nacional, tomo XI, lib. VI y VII, años 1656 a 1663, pág. 108, Buenos Aires, 1914). (N. del E.)

34 La cuestión referente a la existencia de minas de metales preciosos halladas por los jesuitas se mantiene en debate desde el siglo XVI. Verdad es que realizaron ingentes trabajos y numerosas diligencias para descubrir vetas de calidad, que aun cuando no rindieron en forma, ellos compensaban con los reducidos gastos de explotación, que corrían a cargo de los indígenas de las reducciones o doctrinas, pero debe convenirse en que no pudo guardarse durante dos siglos tan celosamente el paradero de las excavaciones. De cualquier modo, nadie admitiría que el oro obtenido en las minas jesuíticas resultara «más fino que el del Perú». (Pablo Hernández: *Misiones del Paraguay, Organización social de las doctrinas guaraníes de la Compañía de Jesús*, págs. 226 y sigs., Barcelona, 1913). (N. del E.)

contra la corriente del río y lo hincha; porque cuando sopla el viento del oeste, del lado de tierra, bajan las aguas; sin embargo, cuando el agua está en su más bajo nivel, alcanza a tres brazadas y media de profundidad, tanto en el caudal del norte como en el del sur. Cuando entramos en el canal del sur, avistamos esas extensas llanuras que llegan hasta Buenos Aires y desde allí hasta el río Saladillo, a sesenta leguas antes de Córdoba, las cuales están tan pobladas de toda clase de ganados que a pesar de que multitud de animales se matan diariamente para aprovechar los cueros, no hay señal de su disminución.[35]

Tan pronto como llegamos al Cabo de Buenos Aires dimos noticia de ello al Gobernador, quien entendiendo que teníamos la licencia del Rey de España para ir allí (sin la cual no nos hubiera podido permitir la entrada en la plaza, salvo que hubiera quebrantado sus órdenes) envió los oficiales del Rey a bordo para que visitaran nuestro buque, de acuerdo con la práctica; hecho lo cual, desembarcamos las mercaderías y las guardamos en un depósito alquilado por el tiempo de nuestra permanencia. Consistían principalmente en tela de hilo, particularmente de la fabricada en Rouen, que se vende muy bien en aquellos países; así también sedas, cintas, hilo, agujas, espadas, herraduras y otros artículos de hierro, herramientas de trabajo de todas clases, drogas, especias, medias de seda y lana, paños, sargas y otras mercaderías de lana y generalmente todo artículo destinado al vestido, lo

35 Recuérdense las justas conclusiones a que arribó Emilio R. Coni en *Historia de las vaquerías de Río de la Plata* (1555-1750), Madrid, 1930, acerca del desarrollo de la ganadería en esas regiones. (N. del E.)

cual, según estábamos informados, eran las mercaderías más propias para esas regiones.[36]

Ahora bien, es costumbre que cada vez que un buque con licencia llega a Buenos Aires (es decir, que tiene comisión para ello del Rey de España), el Gobernador de la plaza o el Capitán del buque despache un mensajero al Perú, con las cartas de España, si es que hay alguna, y también para advertir a los comerciantes de su llegada, con lo cual algunos de ellos salen inmediatamente para Buenos Aires o bien envían órdenes a sus corresponsales para que compren las mercaderías que creen convenientes. Me tocó en suerte ser enviado para cumplir ambos encargos, porque junto con una gran

36 Propias y necesarias. Solo dos años más tarde (julio 24 de 1660), el procurador general de Buenos Aires, don Alonso Pastor, representó al Cabildo «el miserable estado en que todos nos hallamos… la gran pobreza de todos originada de la falta de comunicación con otras ciudades así por la distancia como por no tener esta tierra frutos que poder comerciar ni que sacar a otras ni que inciten a los de otras provincias a venir por ellos, pues tan solamente tenemos de cosechas trigo, maíz, frutas y estancias de ganado vacuno en abundancia y otros en cortas unidades de que nos sustentamos». Luego de señalar que los ganados se hallan más baratos y mejores y con mayores conveniencias en la ciudad de santa fe de esta provincia, ochenta leguas menos de camino para cualquier saca», Pastor advierte que «los Jeneros de que necesita esta ciudad son bino, aceite, javon, cordovanes para Calçado y vestuario, todos necesarios para la vida y que ninguno se fexia ni trueca trigo, mais, ni vacas, sino aplata a que se llegan otros dos generos en segundo grado para cavida en estas Provincias que son yerva y tabaco de que comunmente ussan». Este era el Buenos Aires que conoció Acarette, cuyo único alivio «desde su poblacion an sido algunos navios assi de permisso de esclavos como de ropa y otros de arrivada a quienes emos bendido. El pan fruta, melones, sandias que con el ordinario rocio con que el cielo fertiliza esta tierra cada uno en su cassa hace su huerta de ortalissa, o legumbres que bende a los demas en fuera» (*Correspondencia de la Ciudad de Buenos Aires con los Reyes de España*, publicación dirigida por don Roberto Le Villier, tomo III, págs. 1-3, Madrid, 1918). (N. del E.)

cantidad de cartas que habíamos traído con nosotros había
un paquete grande de su Católica Majestad para el Perú,
guardado en un cajón de plomo, como suelen ir todos los
despachos de la Corte Española para las Indias, con el objeto
de que si el buque que los lleva estuviera en inminente peligro
de caer en manos de los enemigos, puedan arrojarlo por en-
cima de la borda y que se hunda. Este paquete fue confiado
a mis cuidados: contenía muchas cartas para el Virrey del
Perú y otros funcionarios principales de aquellas regiones,
anunciándoles el nacimiento del Príncipe de España;[37] llevaba
también un inventario, certificado por los oficiales del Rey
en Buenos Aires, de la mayor parte de nuestra carga, para
hacerlo conocer a los comerciantes de Potosí. Estos daban
crédito a las condiciones de las mercaderías, tales como estaban especificadas en el inventario, y así podían comprar lo
que más les gustaba; pero los efectos no llegaban a su poder
hasta siete u ocho meses después.

---

37 Felipe Próspero llamábase el infante hijo del rey Felipe IV y de su se-
    gunda esposa María Ana, nacido el 28 de noviembre de 1657 y fa-
    llecido el 1 de noviembre de 1661. Al parecer, entre los papeles que
    la corona confió a Acarette para el virreinato del Perú, no iba ningu-
    no para el gobierno de Buenos Aires. La noticia del nacimiento del
    infante, por ejemplo, no se encuentra en los acuerdos capitulares de
    principios del año de 1658 como hubiera sido de rigor. Que había
    conocimiento del suceso lo prueba el acta del 8 de noviembre, donde
    se «leyó y Publico una Real Cedula de Su Magestad que se a traydo
    a dicha siudad agora nuevamente» por la cual se comunicaba el na-
    cimiento del príncipe Felipe Próspero (*Acuerdos del extinguido Ca-
    bildo*, etc., pág. 93). (N. del E.)

Descripción de Buenos Aires

Antes de decir algo acerca de mi viaje al Perú, quiero dejar constancia de las cosas más notables que observé en Buenos Aires mientras permanecí allí. El aire es bastante templado, muy semejante al de Andalucía, aunque no tan cálido; las lluvias caen casi con tanta frecuencia en verano como en invierno y la lluvia que cae en tiempo bochornoso produce diversas clases de sapos, animales que son muy comunes en estas regiones, pero no son venenosos.

El pueblo está situado sobre un terreno elevado, a orillas del Río de la Plata, a tiro de mosquete del canal, en un ángulo de tierra formado por un riacho, llamado Riachuelo, el cual desemboca en el río, a un cuarto de legua de la ciudad: esta comprende cuatrocientas casas, no tiene empalizada, ni muralla, ni foso, y nada la defiende sino un fortín de tierra, circundado por un foso, que domina el río, y tiene diez cañones de hierro, el mayor de los cuales es de a doce. Allí reside el Gobernador, que no tiene sino ciento cincuenta hombres de guarnición, los cuales están formados en tres compañías comandadas por tres capitanes, a los que nombra a voluntad; y efectivamente los cambia con tanta frecuencia que difícilmente hay un ciudadano rico que no haya sido capitán. Estas compañías no están siempre completas, porque los soldados son atraídos por la baratura de la vida en esas regiones y desertan frecuentemente, a pesar de los empeños en mantenerlos en el servicio por medio de una abundante paga, que es de cuatro reales diarios, que equivalen a un chelín y seis peniques ingleses, y un pan que es cuanto puede comer un hombre. Mas el Gobernador mantiene para su servicio ordinario, en una llanura inmediata, mil doscientos caballos mansos, para montar en caso de necesidad a los habitantes de la plaza y formar un pequeño cuerpo de caballería. Además de este fuerte, hay un pequeño bastión en la desembocadura del riacho, donde mantienen una guardia; no hay sino dos cañones de hierro montados, de a tres. Este domina el lugar donde atracan las barcas para desembarcar las mercaderías o cargarlas, estando sujetas a la visita de los oficiales del bastión mientras cargan y descargan.

Las casas del pueblo están hechas de barro, porque hay poca piedra en todas estas regiones hasta el Perú; están techadas con paja y cañas y no tienen pisos altos; todas las habitaciones son de un solo piso y muy espaciosas; tienen grandes patios y detrás de las casas amplias huertas, llenas de naranjos, limoneros, higueras, manzanos, perales y otros frutales, con abundancia de hortalizas, zapallos, cebollas, ajo, lechuga, alberjas y habas; y especialmente sus melones son excelentes, pues la tierra es muy fértil y buena. Viven muy cómodamente y a excepción del vino, que es algo caro, tienen en abundancia toda clase de vituallas, como ser carne de vaca y ternera, de carnero y venado, liebres, conejos, gallinas, patos, gansos silvestres, perdices, palomas, tortugas y toda clase de aves silvestres, y tan baratas que se pueden comprar perdices a un penique la pieza y el resto en proporción. Asimismo abundan los avestruces, que andan en tropillas como el ganado y aunque su carne es buena, sin embargo nadie la come sino los salvajes. Hacen sombrillas con sus plumas, las cuales son muy cómodas para el Sol. Sus huevos son buenos y todos los comen, aunque dicen que son de difícil digestión. Observé en estos animales una cosa muy notable y es que mientras las hembras están echadas sobre los huevos, tienen un instinto que les hace prever por la mantención de los polluelos: así, cinco o seis días antes de que salgan del cascarón, colocan un huevo en cada uno de los ángulos del lugar donde están y luego los rompen, de modo que cuando se pudren se crían gusanos y moscas en número prodigioso, los cuales sirven para alimentar a los pichones de avestruz desde el momento que nacen hasta que son capaces de ir más lejos en busca de alimento.

Las casas de los habitantes de la clase elevada están adornadas con colgaduras, cuadros y otros ornamentos y muebles decorosos, y todos aquellos que tienen un pasar tolerable son servidos en vajilla de plata y tienen muchos sirvientes, negros, mulatos, mestizos, indios, cafres o zambos, los cuales son todos esclavos.[38] Los negros provienen de la Guinea; los mulatos son hijos de un español con una negra; los mestizos son nacidos de un español y una india; los zambos de un indio y una mestiza: todos se pueden distinguir por su color y sus cabellos. Emplean a estos esclavos en sus casas o para cultivar sus campos, porque tienen grandes estancias, abundantemente sembradas con granos, como ser trigo, cebada y mijo o para cuidar sus caballos y mulas, que no se alimentan sino de pasto durante todo el año; o para matar toros salvajes; o, en fin, para hacer cualquier otra clase de trabajo.[39]

Toda la riqueza de estos habitantes consiste en ganados, que se multiplican tan prodigiosamente en esta provincia que las llanuras están casi totalmente cubiertas de ellos, particu-

38 Diego Luis Molinari suministra interesantes datos acerca del tratamiento que se prodigó a los esclavos en la colonia, en Datos para el estudio de la trata de negros en el Río de la Plata, introducción a Facultad de filosofía y letras, *Documentos para la historia argentina*, tomo VII, Comercio de Indias, Consulado, *Comercio de negros y extranjeros* (1791-1809), págs. 34 y sigs., Buenos Aires, 1916. (N. del E.)

39 Diego Luis Molinari en la obra anteriormente citada y José Torre Revello, en Las clases sociales, la ciudad y la campaña, (Academia nacional de la historia: *Historia de la Nación Argentina*, etc., cit., tomo IV, primera sección, El momento histórico del virreinato del Río de

larmente toros, vacas, ovejas, caballos, yeguas, mulas, asnos, cerdos, venados y otros, de tal manera que si no fuera por el vasto número de perros que devoran los terneros y otros animales jóvenes, devastarían el país. Sacan tanto provecho de las pieles y cueros de estos animales, que un solo ejemplo será suficiente para demostrar hasta que punto podría ser aumentado en buenas manos.[40] Los veintidós buques holandeses que encontramos en Buenos Aires, estaban cargados cada uno con 13 o 14.000 cueros de toro,[41] cuando menos,

la Plata, pág. 503, Buenos Aires, 1938), se han ocupado de la condición social de los esclavos con profusa documentación. (N. del E.)

40 En este punto la imaginación de Acarette, o sino su extrema ingenuidad, se desbordó sin cortapisas, originando una fantástica leyenda acerca de las fabulosas cantidades de ganados diseminados en toda la colonia, patraña ésta que no perjudicó a la colonia y que por el contrario, contribuyó a que se mirara al Río de la Plata como tierra de promisión. No muchos autores dieron crédito a esta exageración del viajero francés, sobre una riqueza ganadera que Emilio R. Coni, en *Historia de las vaquerías*, ha llevado a su justo término merced a una estricta interpretación documental. (N. del E.)

41 En cuanto a esta otra afirmación de Acarette —dice Coni— «hay también muchos hechos que hacen dudar seriamente de su veracidad. En primer término, durante la segunda mitad del siglo XVI y principios del XVIII, las vaquerías solo se iniciaban después de cerrado el trato con los maestres de los navíos de registros, los que permanecían de uno a dos años en el puerto a la espera de los cueros. Solamente después del primer cuarto del siglo XVIII, arribadas más frecuentes y regulares de navíos, permiten la formación de stocks de cueros —no ya cimarrón, sino domésticos—, que los navíos encuentran listos a su llegada» (Emilio R. Coni, *Historia de las vaquerías*, pág. 15). La investigación que respalda esta afirmación de Coni asegura la certeza de su aserto, y no deja lugar a duda sobre la ligereza de juicio de nuestro viajero. Los datos erróneos o exagerados deben provenir no tanto de su descuido en anotar los hechos cuanto de «falsos informes, quien sabe si no dados expresamente por los criollos de entonces para burlarse de aquel joven extranjero» (Rómulo Zabala y Enrique de Gandía: *Historia de la ciudad*, etc., tomo 1, pág. 276). (N. del E.)

cuyo valor asciende a 300.000 livers o sean 33.500 libras esterlinas, comprados como lo fueron por los holandeses a siete u ocho reales cada uno, esto es, menos de una corona inglesa, y vueltos a vender en Europa por veinticinco chelines ingleses al menos.[42]

Cuando expresé mi asombro a la vista de tan infinito número de cabezas de ganado, me contaron la estratagema de que se valen a veces, cuando temen el desembarco de algún enemigo, y que es cosa de maravillarse mucho; consiste en lo siguiente: arrean tal rebaño de toros, vacas, caballos y otros animales hasta la playa, que resulta completamente imposible a cierto número de hombres, aunque no tengan miedo de la furia de dichos animales, abrirse paso a través de tan inmensa tropa de bestias.[43] Los primeros habitantes de esta plaza pusieron cada uno su marca[44] sobre los animales

42 Daniel Maxwell, en una nota que pone en su traducción de Acarette, establece en cinco chelines el valor de cada corona inglesa, de manera que el precio de venta de los cueros se elevaba a cuatro coronas. (N. del E.)

43 En este punto la información que se le proporcionó a Acarette adquiere intención de chanza. Coni aclaró igualmente que la hacienda alzada «huye del hombre como la peste, a semejanza de todos los animales silvestres, y, por con siguiente, mal podía atacarle». Por si esto no fuera bastante —agrega— existe una documentación abundante, en la que consta que a medida que pasaban los años la hacienda cimarrona, fue alejándose cada vez más al interior de la tierra», lo que por cierto, motivaba las quejas constantes de los pobladores (Emilio R. Coni: *Historia de las vaquerías*, pág. 14). Luego cita la opinión de los cabildantes formulada el 14 de enero de 1661, según la cual «en el tiempo presente es más difícil el hazer la corambre pues a las hordinarias dificultades que tiene esta materia y costeo se añade el estar el ganado tan retirado de muchos de los vecinos que an de hazer la dicha corambre a de ser más de cincuenta leguas desta ciudad...» (*Acuerdos del extinguido Cabildo*, etc., pág. 209). (N. del E.)

44 Francisco Salas Videla es considerado el primer vecino que oficializó el procedimiento de marcar el ganado para establecer su propiedad.

que pudieron atrapar y los metieron dentro de sus cercados, pero se multiplicaron tan pronto que se vieron obligados a soltarlos,[45] y ahora van y los matan a medida que los necesitan o tienen ocasión de vender cueros en una cantidad notable.[46] En la actualidad solo marcan aquellos caballos y mulas que atrapan para domar y amaestrar, para servirse de ellos. Algunas personas hacen un gran negocio enviándolos al Perú, donde producen cincuenta patacones o sean 11 libras, 13 chelines y 4 peniques la yunta. La mayor parte de los vendedores de ganados son muy ricos, pero de todos los comerciantes, los de mayor importancia son los que comercian con mercaderías europeas, muchos de los cuales tienen fama de poseer de doscientas a trescientas mil coronas, o sean 67.000 libras esterlinas. De modo que un comerciante que no tenga bienes por más de quince o veinte mil coronas

---

Por lo menos aparece registrando el 19 de mayo de 1589 la marca de fuego consistente en una jota mayúscula (J) invertida (Prudencio de la C. Mendoza, *Historia de la ganadería argentina*, pág. 37, Buenos Aires, 1928). (N. del E.)

45 «El pastoreo se hacía solo de día y durante la noche se encerraban las tropas para evitar que hicieran daños a las sementeras. Pero esta práctica se modificó poco tiempo después; aumentando el ganado ya no era posible mantenerlo en el ejido del pueblo y por disposición del Cabildo fue menester retirarlo a los suburbios, de suerte que el pastoreo cada vez más se internaba al campo, alejado a algunos kilómetros de la ciudad, y bajo la estricta vigilancia de sus dueños» (Ibídem, pág. 37). (N. del E.)

46 En 1609 el Cabildo de Buenos Aires asentó «la doctrina de que proviniendo el ganado cimarrón del doméstico alzado, los dueños de éste último debían ser los primeros en gozar de sus frutos». Por esto se abrió la matrícula en base de las declaraciones juradas de los vecinos, constando el número de cabezas que se les habían «huido». Estos vecinos se llamaron accioneros y transmitieron su derecho por herencia, donación o venta hasta el siglo XVIII, llegando a confundirse la propiedad de las tierras con la acción de «vaquear» (Emilio R. Coni, *Historia de las vaquerías*, pág. 9). (N. del E.)

es considerado como un mero vendedor al menudeo. De estos últimos hay cerca de doscientas familias en el pueblo, lo que hacen quinientos hombres de armas llevar, además de sus esclavos, que son tres veces en número, aunque no se les cuenta para la defensa, porque no se les permite llevar armas.

De esta suerte, los españoles, los portugueses y sus hijos (entre los cuales los nacidos en el país son llamados criollos, para distinguirlos de los nativos de España) y algunos mestizos, forman la milicia, que, con los soldados de la guarnición, componen un cuerpo de más de seiscientos hombres, como los computé en varias revistas, porque tres veces al año, en días festivos, desfilan a caballo en las inmediaciones de la ciudad.[47] Observé que había entre ellos muchos viejos que no llevaban armas de fuego, sino una espada pendiente al costado, una lanza en la mano y una rodela sobre el hombro. También la mayor parte de ellos son casados y padres de familia y en consecuencia no tienen mucho estómago para los combates. Les gusta su tranquilidad y el placer y son enteramente devotos de Venus. Confieso que en cierta medida son disculpables en este punto, porque la mayor parte de las mujeres son extremadamente hermosas, bien formadas y blancas, y con todo tan fieles a sus maridos, que ninguna tentación puede inducirlas a aflojar el nudo sagrado, pero también si los maridos transgreden, a menudo son castigados con el

47 Acarette debió presenciar alguno de los desfiles militares que se organizaban «tres veces al año en días festivos», en las inmediaciones de Buenos Aires. Llevó buena cuenta de los efectivos militares, pues su cálculo de 600 hombres es correcto, bien entendido para épocas de tranquilidad manifiesta, en que el temor de un ataque inglés u holandés contra la ciudad ponía en pie de guerra a todos los hombres en condiciones de llevar armas. En tiempos de paz el cuerpo no pasaba de cien plazas (Adolfo Garreton, *La municipalidad colonial, Buenos Aires desde su fundación hasta el gobierno de Lariz*, pág. 321, Buenos Aires, 1923). (N. del E.)

veneno o el puñal. Las mujeres son más en número que los hombres. Además de los españoles hay unos pocos franceses, holandeses y genoveses, pero todos pasan por españoles;[48] de otro modo no podrían residir aquí, especialmente aquellos que difieren en su religión de la Católica Romana, porque aquí está establecida la Inquisición.

La renta del Obispado alcanza a tres mil patacones por año o sean 700 libras esterlinas. Su diócesis comprende este pueblo y Santa Fe, con las estancias pertenecientes a ambos. Ocho o diez sacerdotes ofician en la Catedral, que está hecha de barro, lo mismo que las casas. Los jesuitas tienen un colegio; los dominicos, los recoletos y los religiosos de la Merced, tienen cada uno un convento. También hay un

48 Acarette parece no haber advertido el «inmenso aporte de la nación lusitana en la formación de la familia colonial». Cuando el gobernador jerónimo Luis de Cabrera, por bando de enero de 1643, ordenó el registro y desarme de los portugueses de Buenos Aires, Santa Fe y Corrientes, solo en la primera ciudad aparecieron 108 vecinos portugueses con un total de 370 personas sobre 1.500 habitantes (Torre Revello, pág. 483). Es ilustrativo el trabajo de Ricardo de Lafuente Machain, *Los portugueses en Buenos Aires*, Buenos Aires, 1931. (N. del E.)

hospital,[49] pero hay tan pocos pobres en estos países, que sirve de poco.[50]

49 Las Leyes 1 y 2 del Tit. IV, Lib. 1 de la Recopilación de Indias, mandaban que «en todos los pueblos de Españoles e Indios se funden hospitales donde sean curados los pobres enfermos y se ejercite la caridad cristiana». Don Juan de Garay cumpliendo con esta disposición señaló la manzana comprendida en las actuales calles de Corrientes, Reconquista, Sarmiento y 25 de Mayo, para el establecimiento hospitalario. Atendiendo a «que sería más útil y conveniente hacerlo y fundarlo en el camino que va al Riachuelo, donde estará más cerca del comercio y a causa de que aquel es el paso por donde entra en la ciudad la gente que viene por mar, que es de donde viene la mayor parte de los pobres enfermos», se acordó en 1611 levantar en el terreno delimitado por las actuales calles de Balcarce, Chile, Defensa y México, el Hospital que se denominó San Martín. (Adolfo Garretón, La Municipalidad colonial, pág. 419 y sigs.). (N. del E.)

50 Garretón (Ibídem, pág. 442), sostiene que el hospital se sustentó «con holgura, obteniéndose sucesivos adelantos y nuevas comodidades para los enfermos» hasta el gobierno de don jacinto de Lariz; cuando implantó la tiranía y trabó la acción de los vecinos, se fue en menos hasta cerrarse», lo que ocurrió en la época de don José Martínez de Salazar «por faltar lo principal de quien cure, y boticario que haga los medicamentos, con hacer mas de 60 años que se edificó». Son conocidas las penurias pasadas en Buenos Aires por falta de médicos, no siendo suficientes los curanderos e «inteligentes» ni sangradores para satisfacer las demandas de los enfermos. (N. del E.)

Viaje desde Buenos Aires hasta el Perú

Salí de Buenos Aires y tomé el camino de Córdoba,[51] dejando a Santa Fe a mi derecha, de cuyo lugar recibí esta noticia.

Es una población española dependiente de Buenos Aires: el Comandante no es más que un Teniente y no hace nada sino por orden del Gobernador de Buenos Aires. Es un pueblito que comprende veinticinco casas, sin murallas, fortificaciones ni guarnición, distante ochenta leguas hacia el norte de Buenos Aires, situado sobre el Río de la Plata: hasta allí podrían llegar grandes buques si no fuera por un enorme banco que obstruye el paso un poco más arriba de Buenos Aires. A pesar de todo es una posta muy ventajosa porque es el único paso desde el Perú, Chile y Tucumán hacia el Paraguay y en cierta manera el depósito de las mercaderías que se traen desde allí, particularmente esa yerba de la cual ya hablé, sin la cual no pueden pasarse en esas provincias. El suelo es aquí tan bueno y tan fértil como en Buenos Aires, y no teniendo la población nada notable que difiera de lo que observé en Buenos Aires, la dejo y continúo con mi viaje.

Se cuentan ciento cuarenta leguas de Buenos Aires hasta Córdoba y como algunas partes del camino están deshabitadas en largos trechos, me proveí antes de la partida de todo aquello que me informaron que me sería necesario. Así partí, llevando por guía a un salvaje, con tres caballos y tres mulas, unos para llevar el equipaje y el resto para cambiar en el camino, cuando se cansara el que montaba.

Desde Buenos Aires hasta el río Luján y aun más lejos, hasta el río Arrecifes, en treinta leguas pasé por varias pobla-

51 Puede cotejarse el itinerario demarcado por Acarette con el señalado en Concolorcorvo, *El Lazarillo de ciegos caminantes* desde Buenos Aires hasta Lima, 1773, Ediciones Argentinas Solar, Buenos Aires, 1942. (N. del E.)

ciones y estancias cultivadas por españoles, pero más allá del Arrecife, hasta el río Saladillo, no vi ninguna. Haré observar de paso que estos ríos, como todos los demás de las provincias de Buenos Aires, Paraguay y Tucumán que desembocan en el Río de la Plata, son vadeables a caballo; pero cuando las lluvias u otro accidente los hace crecen, el viajero las debe atravesar a nado o bien colocarse sobre un bulto por el estilo de una balsa, que un salvaje arrastra hasta el otro lado. Yo no sabía nadar, así que me vi obligado a hacer uso de este expediente dos o tres veces, cuando no pude hallar un vado. El sistema fue así: mi indio mató un toro salvaje, le quitó el cuero, lo rellenó de paja y lo ató con tientos del mismo cuero, formando un gran bulto, sobre el cual me coloqué con mi equipaje; el indio pasó nadando, arrastrándome tras él por medio de una cuerda atada al bulto, y luego repasó el río e hizo pasar nadando los caballos y mulas hasta donde yo estaba.[52]

Todo el país entre el río Arrecifes y el Saladillo, aunque deshabitado, abunda en ganado y en toda clase de árboles frutales, excepto nogales y castaños. Hay bosques íntegros de durazneros, de tres o cuatro leguas de extensión, que producen excelente fruta, que no solamente comen cruda sino que también cocinan o secan al Sol, para conservarla, como hacemos en Francia con las ciruelas. Raras veces usan otra madera que la de este árbol para el fuego, en Buenos Aires y sus alrededores. Los salvajes que viven en estas regiones se dividen en dos clases: los que voluntariamente se some-

52 Si Acarette fue exacto en la descripción, debemos convenir en que el procedimiento experimenta alguna transformación con el tiempo. Concolorcorvo cuenta que los habitantes del río Tercero «conducen forasteros de la una a la otra banda en un cuero de toro en figura de canasta cuadrilonga» (Concolorcorvo, *El Lazarillo de ciegos caminantes*, pág. 64). (N. del E.)

ten a los españoles se llaman Pampistas y el resto Serranos; ambos se visten con pieles, pero los últimos caen sobre los Pampistas como sobre sus mortales enemigos, en cualquier lugar donde los encuentren. Todos pelean a caballo, ya sea con lanzas con punta de hierro o huesos afilados o también con arcos y flechas. Llevan un cuero de toro, con la forma de un jubón sin mangas, para protegerse el cuerpo. Los jefes que mandan sobre ellos en la guerra y en la paz, se llaman Curacas. Cuando se apoderan de un enemigo, vivo o muerto, se reúnen, y después de haberle reprochado que él o sus parientes fueron los causantes de la muerte de sus parientes o amigos, lo cortan y parten en pedazos, que asan un poco y los comen, haciendo con sus cráneos recipientes para beber. Se alimentan principalmente de carne, ya cruda ya preparada, y particularmente de potrillo, que prefieren a la ternera. Además pescan en abundancia en sus ríos. No tienen lugares fijos de residencia, sino que vagan de un punto a otro, varias familias juntas, viviendo en toldos.[53]

No pude informarme exactamente acerca de la religión que practicaban, pero me contaron que consideraban al Sol

53 Sin duda que Acarette ha sido sorprendido con la información de que los indígenas de la llanura bonaerense eran antropófagos, costumbre que no registra ningún cronista ni es considerada por los etnógrafos. Bien está la referencia a la escasa cocción de la carne, y debemos agregar que cuantas veces Acarette menciona al curaca emplea este término incaico en vez de la voz cacique usada entre nuestras tribus. Es sumamente interesante la Descripción de la naturaleza de los terrenos que se comprenden en los Andes, poseídos por los peguenches; y los demás espacios hasta el Río de Chadileubu, reconocidos por don Luis de la Cruz, en Pedro de Angelis, *Colección de obras y documentos relativos a la historia antigua y moderna de las provincias del Río de la Plata*. Ilustrados con notas y disertaciones por... tomo I, Buenos Aires, 1836, de la cual se ha dicho que «tiene interés, pues ha resumido con prolijidad multitud de antecedentes que se refieren a los Pehuenches que habitaban en aquel entonces al oriente

y a la Luna como deidades, y mientras viajaba vi a un salvaje
arrodillado con la cara hacia el Sol, gritando y haciendo ges-
tos extraños con las manos y brazos. Me enteré por el salvaje
que me acompañaba que era uno de esos que llaman Papas,
que por la mañana se arrodillan hacia el Sol y por la noche
hacia la Luna, para suplicar a esas caprichosas divinidades
que les fueran propicias, que les dieran buen tiempo y la vic-
toria sobre sus enemigos. No usan de grandes ceremonias en
sus casamientos; pero cuando muere un pariente, después de
haber frotado el cadáver con una tierra que lo consume todo
menos los huesos, los guardan, y llevan de ellos tantos como
convenientemente pueden, en una especie de cofres; y esto lo
hacen en prueba de su afecto por sus parientes. Realmente
no les dejan faltar sus buenos oficios durante la vida, ni en la
enfermedad ni en la muerte.[54]

A lo largo del río Saladillo advertí muchísimos loros o pa-
pagayos, como los llaman los españoles, y ciertos pájaros lla-

---

de los Andes, y cuyos usos y costumbres eran los mismos que los de
las tribus que vivían en los llanos» (Félix F. Outes y Carlos Burch,
Los aborígenes de la República Argentina, pág. 113, Buenos Aires,
1910). (N. del E.)

54 El indígena acompañante de Acarette le ilustró eficazmente acerca
del ceremonial religioso y funerario. El papa en cuestión bien puede ser el calmelache que actuaba a manera de adivino o médico y era
el único que se ponía en contacto con el genio maléfico Gualichu o
Arraken (Milcíades Alejo Vignati, Las culturas indígenas de la Pampa, en Junta de historia y numismática americana [Academia nacional de la historia], *Historia de la Nación Argentina*, tomo I, Tiempos prehistóricos y protohistóricos, pág. 569, Buenos Aires, 1936).
Este autor citando a Diego De Rosales (*Historia jeneral de el reyno
de Chile, Flandes indiano*, Valparaíso, 1877), dice que al año de su
fallecimiento desentierran a los cadáveres «que por ser los lugares de
los entierros muy húmedos se conservan con su carne. Y uno que tiene oficio de cirujano o anatomista le va cortando toda la carne, de-
jándole los huesos limpios, que seca al Sol, y luego los va pintando

mados guacamayos, que son de diversos colores y dos o tres veces más grandes que un loro. El río mismo está lleno de un pez que llaman dorado, que es muy bueno para comer. Hay un animal en él cuya carne nadie sabe si es comestible o venenosa; tiene cuatro patas y una cola larga, como un lagarto.

Desde el Saladillo completamente hasta Córdoba se marcha a lo largo de un hermoso río, que abunda en pescado; no es ni ancho ni profundo, por lo que puede ser vadeado. En sus orillas se encuentra uno pequeñas plantaciones a cada tres o cuatro leguas; son como casas de campo habitadas por los españoles, los portugueses y los nativos, quienes tienen todas las comodidades necesarias para vivir y son muy educados y caritativos con los extranjeros. Su principal riqueza consiste en caballos y mulas, con los cuales comercian con los habitantes del Perú.

Córdoba es un pueblo situado en una amena y fértil llanura, a orillas de un río, mayor y más ancho que aquellos de los que he hablado hasta ahora. Está compuesta de alrededor de cuatrocientas casas, construidas como las de Buenos Aires. No tiene ni fosos, ni fuerte para su defensa; el comandante de ella es Gobernador de todas las provincias de Tucumán y aunque es el lugar de su residencia ordinaria, con todo se marcha de cuando en cuando, en cuanto ve ocasión, para ir a pasar un tiempo en Santiago del Estero, en San Miguel de Tucumán (que es la ciudad capital de la provincia), en Salta y en Jujuy. En cada una de estas villas hay un Teniente, que tiene bajo sus órdenes a un Alcalde y a algunos Oficiales para la administración de justicia. El Obispo de Tucumán del mismo modo reside en Córdoba, donde la Catedral es la única iglesia parroquial de toda la ciudad; pero hay diversos

---

de colorado, amarillo, y otros colores, y la carne la entierra...» (N. del E.)

conventos de monjes, a saber de dominicos, recoletos, y de los de la orden de la Merced, y uno de monjas. Los jesuitas tienen allí un colegio y su capilla es la más hermosa y más rica de todas.

Los habitantes tienen riquezas en oro y plata, que adquieren por el comercio que tienen con las mulas, de las cuales proveen al Perú y otras regiones, comercio que es tan considerable que venden alrededor de 28 o 30.000 animales por año, los cuales crían en sus estancias. Generalmente los tienen hasta que llegan más o menos a los dos años y entonces los ponen en venta y reciben alrededor de seis patacones por cada una de ellas. Los traficantes que vienen a comprarlas las llevan a Santiago, a Salta y a Jujuy, donde las dejan durante tres años, hasta que se han desarrollado bien y hecho fuertes y, después las llevan al Perú, donde actualmente tienen salida para ellas, porque allí, lo mismo que en el resto de las regiones occidentales de América, la mayor parte del transporte se hace a lomo de mula. La gente de Córdoba también se dedica a comerciar en vacas, que se procuran en la campaña de Buenos Aires y llevan al Perú, donde, sin este medio de subsistencia, es seguro que tendrían mucha dificultad para vivir. Esta clase de tráfico hace de este pueblo el más considerable de la provincia de Tucumán, tanto por sus riquezas y productos como por el número de sus habitantes, los cuales suman al menos quinientas o seiscientas familias, además de los esclavos, que son tres veces más, pero la generalidad de ellos, de todas las clases, no tienen otras armas que la espada y el puñal y son soldados muy diferentes: el aire de la región y la abundancia de que gozan los hacen perezosos y cobardes.[55]

Desde Córdoba tomé el camino de Santiago del Estero, que dista noventa leguas de allí. Durante mi viaje, de cuando en cuando, esto es cada siete u ocho leguas, me encontré con casas aisladas de españoles y portugueses, quienes viven muy solitarios. Están todas situadas sobre arroyuelos, algunas de ellas al amparo de bosques, con los cuales se encuentra uno frecuentemente en la región, y son en su mayor parte de algarrobos, cuyo fruto sirve para hacer una bebida que es dulce y picantita, y que sube a la cabeza como el vino; otras casas están en campo abierto y no tan dotadas de ganado como las de Buenos Aires; pero, sin embargo, hay suficiente y en realidad más aun del que se necesita para la subsistencia de los habitantes, quienes también comercian con mulas, algodón y cochinilla para teñir, que produce la zona.[56]

Santiago del Estero es un pueblo de alrededor de trescientas casas, sin fosos ni murallas, emplazado en terreno llano y rodeado de bosques de algarrobos; está situado sobre un río medianamente ancho, navegable por botes y ricamente dotado de peces. El aire es muy cálido y bochornoso, que hace de los habitantes unos perezosos y afeminados. Tienen el rostro muy moreno, son sumamente dados a sus diversiones y les importa muy poco el comercio. Hay trescientos hombres capaces de llevar armas, contando también los salvajes y los esclavos; y están todos muy mal armados y no

---

55 Concolorcorvo en la imposibilidad de obtener cifras oficiales acerca de la población de Córdoba, calculó entre quinientos y seiscientos vecinos, coincidiendo, más de un siglo más tarde, con los totales de Acarette. (N. del E.)

56 «Aunque no es tan fina como la del obispado de Oajaca, en la Nueva España, es mucho mejor que el magno de la provincia de Parinacochea y otras de este reino», dice Concolorcorvo, pág. 78. (N. del E.)

son sino soldados mezquinos.[57] La mayor parte de las mujeres son bastante guapas, pero tienen generalmente una especie de hinchazón en el cuello, que llaman coto en el idioma del país, y parece ser casi lo mismo que nosotros llamamos «wen» (lobanillo). La región está suficientemente dotada de aves silvestres, venados, trigo, centeno, cebada y frutas tales como higos, duraznos, manzanas, peras, ciruelas, cerezas, uvas, etc. Abundan los tigres, que son muy feroces y voraces; leones que son muy mansos y guanacos grandes como caballos, con el cuello muy largo y cabeza pequeña y cola muy corta; en el estómago de estos animales se encuentra la piedra bezoar.[58] En este pueblo hay cuatro iglesias, a saber: la iglesia parroquial, la de los jesuitas, la de los frailes recoletos y una más. Aquí tiene su residencia el Inquisidor de la provincia de Tucumán; es un sacerdote secular y tiene a sus

57 Pasemos por alto el número de 300 casas que asigna a Santiago del Estero, puesto que más adelante reconoce que no existen más de trescientos hombres capaces de llevar armas, contando esclavos e indígenas, lo que hace disminuir el número de familias; empero, llama la atención el juicio que formula respecto de las condiciones militares de los santiagueños, cuando Concolorcorvo, pág. 80, dice que «toda la gente del Tucumán asegura que los santiaguinos son los mejores soldados de aquella provincia y el terror de los indios del Chaco». (N. del E.)

58 Es por definición una «concreción calculosa que suele encontrarse en las vías digestivas y en las urinarias de algunos cuadrúpedos y que se ha considerado como antídoto y medicamento». Según Lozano, en el guanaco se forma esta llamada piedra bezoar «tan grandes, que pesan dos libras, y dos y media, lo que ha hecho creer en Europa son adulteradas y fingidas, siendo así, que en realidad son naturales» (Pedro Lozano, Descripción corográfica del Gran Chaco Gualamba, reedición con prólogo e índice por Radamés A. Altieri, pág. 50, Tucumán, 1941, además el jesuita Pedro Grevon ha resumido toda la cuestión en su estudio Piedras Bezares, publicado en la *Revista de la Universidad Nacional de Córdoba*, año IX, Nos. 5-6-7, julio, agosto, setiembre de 1922, Córdoba, 1922). (N. del E.)

órdenes comisarios o diputados, a quienes coloca en todas
las otras poblaciones de la provincia.

Después de haber pasado tres días en Santiago, me fui a
Salta, que dista cien leguas; y dejando San Miguel de Tucumán a la mano izquierda, que es una población bajo la jurisdicción de Santiago, tomé el camino de Esteco, encontrando
en el viaje algunas aldeas de españoles acá y allá y muy pocos
salvajes. La región es llana y consiste principalmente en fér-
tiles llanura y bosques llenos de algarrobos y palmeras que
producen dátiles algo menores a los de los países orientales, y
también muchas otras clases de árboles y plantas, entre otras
la que produce la brea, la cochinilla y el algodón.

Hay diversos lagos pequeños alrededor de los cuales se
forman grandes cantidades de sal, la cual utilizan los pobladores del país. Me quedé un día en Esteco, para prepararme
algunas provisiones para el viaje. Está situado sobre un hermoso y ancho río, que con todo puede ser vadeado a caballo.
Este pueblo fue antiguamente tan grande y tan importante como Córdoba, pero ahora está arruinado, no habiendo
quedado en él arriba de treinta familias, porque las demás
lo abandonaron a causa del gran número de tigres que lo
infestaban, devorando a sus niños y algunas veces a los hombres, cuando podían sorprenderlos; además hay un número
increíble de moscas venenosas que pican agudamente, de las
cuales está lleno el país en una extensión de cuatro o cinco
leguas alrededor del pueblo, así que no hay modo de salir de
él sino enmascarado. Esta zona también es muy productiva
de trigo, cebada, viñas y otros árboles frutales; y abundaría
en ganado si los tigres no lo devoraran.

Desde Esteco a Salta hay quince leguas, y esta extensión
sería igual a la que he descrito hasta ahora, pero es pedrego-
sa en algunos lugares. Se puede distinguir fácilmente a Salta

a unas dos leguas antes de llegar a ella, porque se encuentra en medio de una hermosa llanura, fértil en maíz, uvas y otras clases de frutas, ganado y otras cosas necesarias para la vida; está rodeada por algunas partes de cerros y algunas montañas bastante altas. El pueblo está a la orilla de un pequeño río, sobre el cual hay un puente; contendrá unas cuatrocientas casas y cinco o seis iglesias y conventos, cuya construcción es semejante a la de los que he descrito antes. No está rodeada con murallas, ni fortificaciones, ni fosos, pero las guerras que los habitantes han tenido con sus vecinos los han adiestrado en la disciplina militar, haciéndolos más cuidadosos que anteriormente en la atención de sus armas. Son alrededor de quinientos hombres, todos los cuales portan armas, además de los esclavos, mulatos y negros, que suman tres veces más. Es un lugar muy concurrido en razón del considerable comercio que tiene en maíz, carne, ganado, vino, carne salada, sebo y otras mercaderías, con las cuales trafican con los habitantes del Perú.

A doce leguas más allá se encuentra Jujuy, que es la última población de Tucumán por el lado del Perú. En los altibajos del camino hay muchísimas casas de campo o estancias y muchas más que en cualquier otra parte, aunque la región no es tan agradable ni tan fértil, no siendo casi otra cosa que cerros y montañas. Este pueblo de Jujuy comprende alrededor de trescientas casas: no está muy poblado a causa de las continuas guerras que sus habitantes, lo mismo que los de Salta, sostienen con los salvajes del Valle Calchaquí, quienes están continuamente acosándolos. La causa que provocó estas guerras es la que sigue: el Gobernador de Tucumán, don Alonso de Mercado y de Villa Corta, habiendo recibido informes de que la casa de los últimos Incas, o Reyes del Perú, que se llamaba Casa Blanca, estaba en ese valle y que había allí una gran cantidad de tesoros que los nativos conservaban como prenda de su antigua grandeza, dio aviso de ella a su Majestad Católica y le suplicó le permitiera hacer la conquista del mismo y someterlo a su gobierno, como lo había hecho con tantos otros lugares, cosa que obtuvo.

Para cumplir su designio pensó emplear a don Pedro Bohoriers, moro, nativo de Extremadura, ya que siendo una persona acostumbrada a tratar con salvajes y capaz de llevar adelante entre ellos una intriga, era por lo tanto más a propósito que otro para hacer triunfar su plan.[59] Pero el negocio tuvo un desenlace completamente contrario: porque este Bohoriers, cuando llegó entre los salvajes del valle y se ganó el afecto de los mismos, en lugar de cumplir con su comisión, trató de establecerse él mismo en el poder entre ellos, en lo cual tuvo tanto éxito que por su astucia y buenas medidas hizo que lo eligieran y reconocieran por su Rey. Después de lo cual se declaró contra este Gobernador español y comenzó con él una guerra hacia fines de 1638, y varias veces lo derrotó a él y a sus fuerzas, lo que dio ocasión a que algunos de los indios nativos, que estaban bajo el dominio de los españoles, arrojaran su yugo y se unieran al pueblo de ese valle, que por medio de esas adiciones se convirtió en algo formidable. Allí también huían los esclavos del Perú, particularmente aquellos que sirven en las minas, cuando se les presentaba oportunidad de fugarse; y el escondrijo seguro que encuentran allí lleva a gran número de ellos a ese lugar, hasta tal punto que los españoles no tendrían ni la mitad de los hombres necesarios para trabajar las minas si no consiguieran negros

59 Acerca de este pintoresco personaje se ha formado una abundante bibliografía que registra menudamente José Torre Revello en La memoria del primer gobierno de Mercado y Villa corta en Tucumán, 1655-1660, en *Boletín del Instituto de Investigaciones Históricas*, tomo XXV, págs. 21-51. (N. del E.)

del Congo, Angola y otros puntos de la costa de Guinea por medio de varios genoveses que van hasta allá a buscarlos y se los venden a un precio convenido entre ellos.

Desde Jujuy a Potosí se cuentan cien leguas; el viaje es muy molesto y no hay sino este camino para ir desde Tucumán al Perú. A dos leguas de Jujuy comencé a internarme en las montañas, entre las cuales hay un pequeño y estrecho valle, que llega hasta Humahuaca, que está veinte leguas más lejos, y a lo largo de él corre un riacho, que uno se ve obligado a pasar y repasar con frecuencia. Antes de haber avanzado cuatro leguas por este camino, se encuentran volcanes o montañas ardientes, llenas de substancias sulfurosas, que estallan en llamaradas de cuando en cuando y a veces revientan y arrojan cantidades de tierra al valle, lo cual hace el camino tan barroso cuando cae una lluvia poco después, como sucede casi siempre, que a veces uno se siente forzado a quedarse cinco o seis meses o hasta que llegue el verano a secarlo, para hacerlo transitable. Estos volcanes continúan durante dos leguas a lo largo del camino y en toda la extensión no hay casas ni de españoles ni de salvajes, pero más allá, a todo lo largo hasta Humahuaca, hay muchísimas casitas de campo, habitadas solo por indios y dependientes de algunas ciudades de ellos, las cuales están gobernadas por sus jefes, a los que llaman Curacas, quienes a su vez tienen un Cacique sobre ellos, cuyas órdenes obedecen y cuya residencia está en Humahuaca, la cual es una población de doscientas casas, construidas de tierra y diseminadas sin orden. La tierra de los contornos no es de las mejores; sin embargo allí siembran trigo y gran cantidad de mijo, el cual utilizan ordinariamente los indios. En cuanto a ganado, tienen muy poco, y generalmente comen carne secada al Sol, que les traen aquellos que

comercian con ellos; tienen también cabras y ovejas de su
propia producción.

La mayor parte de estos salvajes son católicos y viven de
acuerdo con los mandamientos de la religión Católica Romana. Tienen una iglesia en Humahuaca, dotada de sacerdotes,
quienes van de cuando en cuando a celebrar misa allí. Estos
sacerdotes residen en Socchoa, que es la hacienda de don Pablo de Obando, que es español, pero nacido en este país, y es
dueño y señor de él, el cual comprende no solo todo el Valle
Humahuaca, sino también una gran extensión de tierras más
allá, y es una zona de alrededor de sesenta u ochenta leguas
de superficie, donde hay muchísima vicuña, de cuya lana este
propietario saca considerable provecho. Se apodera de estos
animales con muchísima facilidad, por medio de sus súbditos los indios, quienes no tienen más trabajo que hacer un
gran cercado con redes de poco más o menos un pie y medio
de alto, a las cuales atan gran número de plumas, que son
agitadas a un lado y a otro por el viento; después de lo cual
los salvajes persiguen a esos animales y los arrean dentro de
las redes, como lo hacen con los jabalíes en Europa, en los
lazos. Una vez hecho esto, algunos van a caballo dentro de
la extensión de tierra en que están encerrados, y mientras
los pobres animales no se atreven a acercarse a las redes por
temor de las plumas que se mueven sobre ellas, aquellos con
ciertas bolas atadas a cuerdas, los derriban y matan, tantos
como quieren.

De Humahuaca hasta Mayo cuentan treinta leguas y no se
encuentra uno con nada a lo largo de este camino, sino unas
pocas haciendas de salvajes, porque hace aquí tanto frío en
invierno que es duro tener que soportarlo.

El camino desde Mayo hasta Toropalca es a través de muy
agradables llanuras; hay doscientas casas en el pueblo, habi-

tadas por salvajes católicos; solo un portugués vive allí con
su familia.

Más allá de Toropalca está la región de los Chichas, que
es muy montañosa y está dotada de algunas minas de oro y
plata y establecimientos para preparar el metal. Hay veinticinco leguas de distancia hasta Potosí, adonde llegué después
de un viaje de sesenta y tres días.

Descripción de la ciudad de Potosí y sus minas

Tan pronto como descendí de mi caballo en la casa del comerciante a quien había sido recomendado, cuando fui conducido por él al Presidente de las provincias de Los Charcas, al que iba dirigido el mandamiento del Rey que yo llevaba, como principal director de los negocios de Su Majestad en esta provincia, en la cual está situada Potosí, que es el lugar ordinario de su residencia, aunque la Ciudad de La Plata es la capital. Después de haberle entregado el mandamiento, fui llevado al Corregidor, para entregarle el que le pertenecía, y después a aquellos otros oficiales para quienes traía órdenes. Todos ellos me recibieron muy bien, particularmente el Presidente, quien me obsequió con una cadena de oro por las buenas noticias que le había llevado.

Pero antes de seguir más adelante, es conveniente que haga alguna descripción de la ciudad de Potosí, como lo hice con las otras. Los españoles la llaman Ciudad Imperial, pero nadie supo decirme por qué razón.[60] Está situada al pie de una

---

60 Es sabido que el indígena Diego Gualca descubrió en forma casual, pero que ha sido desfigurada por las narraciones, en enero de 1545, las riquísimas vetas argentíferas del cerro de Potosí. Registrada la veta por su patrón don Juan de Villaroel (abril 21), se inició de inmediato la construcción de un pueblo en la falda norte del cerro. Cuando se comunicó la nueva al emperador Carlos V, éste «dio a Potosí el título de Villa Imperial, concediéndole además un escudo de armas con el Cerro Rico al centro, las columnas del Plus Ultra, la corona imperial al timbre y esta honrosa leyenda: «Soy el rico Potosí; del mundo soy el tesoro; soy el Rey de los montes, y envidia soy de los reyes» (Casto Rojas, El Cerro Rico de Potosí, en Academia nacional de la historia IIº Congreso Internacional de Historia de América, tomo III, pág. 147, Buenos Aires, 1936). Es raro que a un siglo del suceso se ignorara en Potosí el origen de su imperial denominación. (N. del E.)

montaña llamada Arazassou[61] y dividida en medio por un río que viene de un lago encerrado con murallas, que se halla a un cuarto de legua hacia arriba de la ciudad y es una especie de recipiente para conservar el agua que se necesita para las casas de labor de esta parte de la ciudad, que está de este lado de acá del río, contra la montaña, y se levanta sobre un cerro, siendo la parte mayor y más habitada; porque en aquellas que está sobre la ladera de la montaña apenas hay otra cosa que máquinas y las casas de los que trabajan en ellas. La ciudad no tiene ni murallas ni fosos, ni fuertes para su defensa. Se calcula que hay cuatro mil casas bien construidas de buena piedra, con varios pisos, a la manera de las de España. Las iglesias están bien hechas y todas ellas ricamente adornadas con platería, tapices y otros ornamentos, sobre todo las de los monjes y monjas, de los cuales hay varios conventos de diferentes órdenes, los que están muy bien equipados. No es esta la menos populosa ciudad del Perú, con españoles, mestizos, extranjeros y nativos (a estos últimos los españoles llaman indios), con mulatos y negros. Cuentan que hay entre tres y cuatrocientos españoles naturales capaces de llevar armas, quienes tienen fama de ser hombres muy fornidos y buenos soldados. El número de mestizos no es mucho menor,

61 No es explicable el nombre de Arazassou dado por Acarette al cerro que en épocas prehispánicas se conocía en las regiones incaicas como Sumac-Orko, es decir Cerro Hermoso. El historiador boliviano Casto Rojas, de quien tomamos esa indicación (Ibídem, pág. 145), recuerda que el miedo supersticioso de los indígenas les hizo oír un trueno en momentos en que cumpliendo órdenes del inca Huayna-Capac (1462) comenzaban los trabajos de exploración en busca de vetas. Parecía que el cerro reventaba (Ppotochi). Si no es este el origen del nombre Potosí, «pudiera ser que algún movimiento sísmico producido en las últimas convulsiones de la masa volcánica que forma el Sumac-Orko explicase los truenos que causaron pánico entre los mineros del inca» (Ibídem). (N. del E.)

ni son menos expertos en el manejo de las armas; pero la mayor parte de ellos son perezosos, inclinados a la riña y traicioneros; por ello generalmente visten tres o cuatro justillos de cuero de ante, uno sobre otro, que no permiten el paso de la punta de la espada, para asegurarse contra estocadas. Los extranjeros no son sino pocos: hay algunos holandeses, irlandeses y genoveses, y algunos franceses, la mayoría de los cuales son de St. Malo, Provenza o Bayona y pasan por gente de Navarra y Vizcaya.

En cuanto a los indios, se calcula que suman cerca de diez mil, además de los mulatos y los negros: pero no se les permite usar ni espada ni armas de fuego, ni siquiera a sus Curacas o Caciques, aunque todos ellos pueden aspirar a cualquier grado de las hermandades y a los beneficios, a los cuales son elevados con frecuencia por sus acciones laudables o buenos servicios. También les está prohibido usar el traje español, siendo obligados a vestirse de manera diferente, con una túnica ceñida, sin mangas, que llevan sobre la camisa, a la cual van sujetos el cuello y los puños de encaje. Sus pantalones son anchos abajo, a la moda francesa; van desnudos de pie y pierna. Los negros y mulatos, estando al servicio de los españoles, se visten según la moda española y pueden llevar armas; y todos los indios esclavos, después de diez años de servicio son puestos en libertad y tienen los mismos privilegios que los otros.

El gobierno de esta ciudad es muy prolijo, por el cuidado que se toman veinticuatro magistrados, quienes están constantemente observando que se cumplan las buenas ordenanzas, además del Corregidor y Presidente de Los Charcas, quien manda a los oficiales a la manera de España. Es de observar que, a excepción de esos dos oficiales principales, tanto en Potosí como en cualquier otra parte de las Indias, todas las personas, ya sean señores, caballeros, oficiales u otros, se dedican al comercio, con el cual algunos hacen tan gran provecho que en la ciudad de Potosí se calcula que hay algunos que tienen dos, algunos tres y algunos cuatro millones de coronas; y muchísimos tienen fortunas por valor de dos, tres o cuatrocientas mil coronas.[62] El pueblo bajo vive muy a sus anchas, pero son todos orgullosos y altivos y van siempre muy elegantes, ya sea en tisú de oro y plata, o de escarlata, o de seda con abundantes encajes de oro y plata. El menaje de sus casas es muy rico, porque generalmente son servidos en vajilla de plata. Las esposas tanto de los caballeros como de los ciudadanos están muy encerradas, hasta un grado mucho mayor que en España: jamás salen, salvo para ir a misa, o para hacer alguna visita o a algún festejo Público, y esto solo raras veces. Las mujeres son excesivamente aficionadas a tomar coca: ésta es una planta que viene del lado del Cuzco, la cual, enrollada y seca, mastican como hacen algunos con el tabaco. Están tan excitadas, y a veces tan absolutamente embriagadas con ella, que carecen de todo dominio sobre ellas mismas. Asimismo es usada con frecuencia por los hombres y tiene sobre ellos los mismos efectos.[63] De otro modo son

62 Leemos en el Potosí colonial, de Cañete, que en la coronación del emperador Carlos V la Villa Imperial de Potosí gastó ocho millones y seis en las exequias de Felipe III. Hablando de la dote que algunos pobladores concedían a sus hijas casaderas, recuerda que «el General Pereyra casó a su hija doña Plácida Eustaquia, año de 1579, dándole de dote 2 millones y 300 mil pesos; el General Mejía dotó a la suya en un millón, año de 1612; doña Catalina Argandoña llevó 800 mil pesos, fuera de unas Haciendas de viñas» (Pedro Vicente Cañete y Domínguez, Potosí colonial, Guía histórica, geográfica, política, civil y legal del gobierno e intendencia de la provincia de Potosí, en Biblioteca Boliviana, N.º 5, pág. 126, La Paz, 1939). (N. del E.)
63 El jesuita Acosta señala la particularidad de la coca, diciendo que «obra fuerzas y aliento en los indios, porque se ven efectos que no se pueden atribuir a imaginación, como es con un puño de coca cami-

muy sobrios en la comida y en la bebida, aunque están bien provistos con toda clase de vituallas, tales como carne vacuna y de carnero, aves, carne de venado, frutas frescas y desecadas, maíz y vino, las cuales les llevan allí desde otras partes, y algunas desde gran distancia, lo que hace que estas mercaderías sean caras, así que la clase más humilde de los habitantes, especialmente aquellos que tienen muy pocos recursos, encontraría muy difícil la vida allí, sino fuera tan abundante el dinero y fácil de ganar por aquellos que tienen buena voluntad para trabajar.

La mejor y más fina plata de todas las Indias es la de las minas del Perú, la principal de las cuales se encuentra en la montaña de Aranzasse, donde además de las prodigiosas cantidades de plata que se han extraído de las venas, en las cuales el metal aparecía a la vista, y que ahora están agotadas, se encuentran cantidades casi tan grandes del mismo en lugares que no habían excavado antes, es más, de parte de la tierra que antes habían desechado cuando abrieron las minas e hicieron pozos y atajos en las montañas, han extraído plata, habiendo comprobado con esto que la plata se ha formado allí desde entonces, lo que demuestra lo apropiada que es la calidad de este terreno para la producción del metal. Pero a la verdad esta tierra no produce tanto como las minas que se encuentran en venas entre las rocas. Hay, además de estas, otra clase de venas en la tierra, que llaman Paillaco, que son duras como una piedra, del color de la arcilla, que eran despreciadas hasta ahora, y como lo ha enseñado la experiencia desde entonces, no eran tan despreciables como

nar doblando jornadas sin comer a las veces otra cosa, y otras semejantes obras» (José de Acosta, *Historia natural y moral de las Indias en que se tratan las cosas notables del cielo, y elementos, metales, plantas y animales dellas: y los ritos y ceremonias, leyes y gobierno, y guerras de los Indios*, pág. 286, México, 1940). (N. del E.)

se suponía, desde que a poco costo se puede extraer plata de ellas, de modo que no es inconsiderable el provecho que rinde el trabajo. Además de las minas de esta montaña, hay muchas otras en la región, a gran distancia, que son muy buenas: entre otras las de Lippes, de Carangas y de Porco; pero las de Oruro, que han sido descubiertas últimamente, son las mejores.

El Rey de España no obliga a que alguna de estas minas sea trabajada por su propia cuenta, sino que las deja a las personas que hagan el descubrimiento, las que quedan como dueñas de ellas después que el Corregidor las ha visitado, declarándolas propietarias, bajo las acostumbradas condiciones y privilegios. El mismo Corregidor describe y señala la superficie de terreno en el cual les está permitido abrir las minas al exterior, cosa que no hace para limitar o restringir el trabajo subterráneo, pues todo hombre tiene libertad para seguir la vena que ha encontrado, sea mucha su extensión o profundidad, y aunque cruce por la que otro haya excavado cerca. Todo lo que el Rey se reserva para sí, además de los derechos de que hablaremos después, es el de dar una reglamentación general por medio de sus oficiales, para todo el trabajo de las minas, y disponer el número de salvajes que se emplearán en ellas, para prevenir los desórdenes que se producirían si cada propietario de mina tuviera libertad para hacer trabajar tantos como quisiera, lo que con frecuencia daría ocasión para que aquellos que son más poderosos y ricos los aumentaran y tuvieran tan elevado número de salvajes que quedarían pocos o ninguno para que los emplearan los otros para mantener en marcha su trabajo. Porque esto estaría en contra de los intereses del Rey, que están en proveer para que haya suficiente número de esclavos para todas las minas que se abran. Con este fin obliga a todos los Curacas o jefes de los salvajes a proporcionar un cierto número, que siempre deben conservar completo o de lo contrario están obligados a entregar dos veces la cantidad de dinero que se les habría pagado por su trabajo a aquellos que faltan.

Los destinados a las minas de Potosí no pasan de 2.200 a 2.300. Los traen y los ponen en un gran cercado, situado al pie de la montaña, donde el Corregidor hace distribución de ellos a los conductores de las minas, de acuerdo con el número que necesitan; y después de seis días de trabajo constante, el conductor los trae de vuelta al mismo sitio el sábado siguiente, donde el Corregidor hace hacer una revista de todos ellos, para que los propietarios de las minas les paguen los jornales que les están señalados y para ver cuántos de ellos han muerto, para obligar a los Curucas a suplir los que faltan, porque no pasa semana sin que mueran algunos, ya sea a causa de los diversos accidentes que ocurren, como ser el desprendimiento de una gran cantidad de tierra o la caída de piedras, o por las enfermedades y otras contingencias. En ocasiones los molestan mucho los vientos que se encajonan en las minas, el frío de los cuales, unido al que hay en algunas partes de la tierra, los enfría excesivamente, y salvo que mastiquen coca, que los calienta y embriaga, les resultaría intolerable. Otra de las molestias que sufren es que en otros sitios los vapores sulfurosos y minerales son tan abundantes que los secan en una forma extraña, al punto de impedirles la libre respiración, y para esto no tienen otro remedio que la bebida que se hace con la yerba del Paraguay, de la cual preparan grandes cantidades para refrescarse y humedecerse cuando salen de las minas a las horas señaladas para comer y dormir. Esta bebida también les sirve de medicina, para hacerles vomitar y arrojar cualquier cosa que les incomode en el estómago. Entre estos salvajes ordinariamente eligen los mejores obreros para separar la ganga entre las rocas, lo que hacen con barras de hierro que los españoles llaman palancas, y otros instrumentos de hierro; otros sirven para acarrear lo que excavan en canastitas, hasta la entrada de la mina; otros para ponerlo en sacos y cargarlos sobre una especie de grandes ovejas, que llaman «carneros de la tierra»: son más altos que los asnos y comúnmente llevan un peso de doscientas libras. Estos animales sirven para llevar el mineral a las casas de laboreo que están en la ciudad a lo largo del río, que viene del lago del cual he hablado antes.

En estas casas, que son ciento veinte en total, es refinada la ganga, para lo cual adoptan el siguiente sistema: la baten bien sobre yunques con unos grandes martillos, que un molino mantiene continuamente en movimiento. Cuando está bastante bien reducida a polvo, lo pasan a través de un fino cedazo y lo desparraman por el suelo, formando una capa de medio pie de espesor, en un sitio cuadrado que es muy liso, preparado con ese propósito: entonces arrojan una gran cantidad de agua sobre él, después de lo cual, con un cedazo desparraman una cierta cantidad de mercurio sobre el polvo, mercurio que es proporcionado por los oficiales de la casa de moneda, y también una substancia líquida de hierro, que es preparada por dos piedras de molino, una de las cuales está fija y la otra continuamente girando: entre las dos ponen un viejo yunque o cualquier otro trozo de hierro macizo, que es triturado y consumido con agua por las piedras de molino, hasta quedar todo reducido a una cierta materia líquida. Así preparada la ganga, la revuelven y la mezclan, como hacen los hombres cuando preparan la argamasa, durante una quincena ininterrumpida, templándola cada día con agua. Y después de esto la ponen varias veces en una cubeta, dentro de la cual hay un molinillo, cuyo movimiento separa toda la tierra con el agua, arrojándolas juntas; de modo que no queda sino la masa metálica en el fondo, la cual se pone después al fuego en crisol, para separar de ella el mercurio, lo que se hace por evaporación: en cuanto a la substancia de hierro, ésta no se evapora, sino que permanece mezclada con la plata, por cuya razón siempre hay en ocho onzas (pongamos por ejemplo) tres cuartos de onza, poco más o menos de falsa aleación.

La plata, una vez así refinada, se lleva a la casa de moneda, donde la ensayan, para comprobar si tiene la debida aleación; después de lo cual es fundida en barras o lingotes, que son pesados y deducida una quinta parte de ellos, que pertenecen al Rey y son sellados con su marca; el resto pertenece al mercader, quien del mismo modo aplica su sello y se los lleva de allí adonde quiera, en barras o acuñados en reales u otra moneda. Esta quinta parte es el único provecho que el Rey obtiene de las minas, la cual es estimada con todo en varios millones. Pero aparte de esto, extrae considerables sumas por los impuestos ordinarios sobre las mercaderías, sin contar lo que obtiene del mercurio, tanto del que se obtiene de las minas de Guancavelica, que están situadas entre Lima y Cuzco, y del que se trae de España, con el cual son cargados dos buques por año, porque el que se saca de las minas no es suficiente para todas las Indias.[64]

Para transportar la plata que anualmente se produce en Potosí hasta España, utilizan diversos medios. Primero la cargan en mulas, para llevarlas hasta Arica, que es un puerto

64 Acarette es fiel narrador de cuantos hechos recuerda por personal conocimiento. Ya hemos destacado qué curioso e inquieto observador es, pues nos ha dado en pocas palabras el laborioso proceso de la extracción de la plata que nos dejó en detalle Álvaro Alonso Barba, *El arte de los metales*, en la Biblioteca Boliviana, tomo 8, La Paz, 1940. En la misma colección, la citada obra de Cañete: Potosí colonial, sin

del Mar del Sur, desde donde la transportan en pequeñas embarcaciones hasta el Fuerte de Lima, o Los Reyes, que es un fuerte sobre el mismo mar, a dos leguas de Lima. Aquí la embarcan, con toda la que viene de otras partes del Perú, en dos grandes galeones que pertenecen a su Majestad Católica, cada uno de los cuales lleva mil toneladas y están armados cada uno con cincuenta o sesenta piezas de artillería. Estos generalmente son acompañados por gran número de pequeños buques mercantes tan ricamente cargados, que no tienen cañones, sino unos pocos petareroes (pedreros) para hacer salvas, y ponen rumbo hacia Panamá, teniendo siempre el cuidado de enviar una pequeña pinaza ocho o diez leguas por delante, para que vaya a la descubierta. Pueden hacer este viaje en unos quince días, teniendo siempre la ayuda del viento del sur, que es el único que reina en este mar; sin embargo nunca lo hacen en menos de un mes, porque con este retraso el comandante del galeón hace un gran negocio, proveyendo de naipes a aquellos que quieren jugar a bordo durante la travesía; ganancia que se eleva a una suma considerable, tanto porque el tributo que recibe es de diez patacones por cada baraja de naipes, y porque es prodigiosa la cantidad de ellas que se consumen, ya que están jugando continuamente; y apenas hay alguien a bordo que no esté interesado en grandes sumas. Cuando los galeones llegan a Panamá, en el continente, desembarcan su carga y esperan la llegada de los que vienen de España, para recibir noticias, ya que comúnmente poco más o menos al mismo tiempo, o un poco después, llegan a Portobello, que está a dieciocho leguas en el mar del norte. Mientras tanto llevan hacia allá parte del oro, plata y otras mercaderías de esta flota que están consignadas a Europa,

---

olvidar la *Historia natural y moral de las Indias* del jesuita Acosta, que ya hemos mencionado. (N. del E.)

a lomo de mula, por tierra, y otra parte por agua por el río de Chiagre, en botes hechos de un trozo entero de madera, llamados piraguas. Pocos días más tarde son descargados, y después que han llegado los galeones que venían de España, se celebra una gran feria durante una quincena seguida, durante la cual venden y cambian toda clase de mercaderías necesarias para cada país: negocios que son realizados con tanta honradez que las ventas se hacen solo por los inventarios, sin abrir los bultos, y sin que haya el menor fraude. Terminada la feria, se retiran todos a su respectivo destino. Los galeones que se dirigen a España, van a Habana, en la Isla de Cuba, donde esperan la llegada de la flota de La asuntos en Europa y órdenes que les indican cómo evitar cualquier desastre y realizar con seguridad el viaje.[65]

En cuanto a los galeones del Perú, después de haber recibido un nuevo cargamento en Panamá vuelven a Lima, navegando por distintos rumbos, debido a las contrariedades del viento, que los tiene dos o tres meses en el mar. Llegados allá, venden lo que tienen para el Perú y el resto de las mercaderías es adquirido por los comerciantes de Chile, que entregan una gran cantidad de productos de su país en cambio de ellas, tales como cueros de cabra, que en el lenguaje del país se llaman «cordobán», cuerdas, cáñamo, pez y alquitrán, aceite, olivas y almendras, y sobre todo una gran cantidad de oro

65 Haring ha estudiado el sistema comercial hispanoamericano durante la época de los Habsburgos, y en él vemos explicado el tráfico comercial en el Pacífico en la forma descripta por Acarette (Clarence H. Haring, *Comercio y navegación entre España y las Indias en la época de los Habsburgos*, págs. 227 y sigs., México, 1939). (N. del E.)

en polvo, que se extrae de los ríos de Copiapó, Coquimbo, Valdivia y otros, que desembocan en el Mar del Sur.

Y ahora que estamos hablando de los productos de Chile, debe decirse algo relacionado con esta gran provincia o Reino. En la boca de estos ríos de que acabo de hablar, hay buenos puertos y pueblos, cada uno de los cuales consiste en cuatrocientas casas y esas suficientemente ocupadas por la gente. Las ciudades más importantes sobre la costa del mar son Valdivia, La Concepción, Copiapó y Coquimbo. Valdivia está fortificada y tiene guarnición, generalmente compuesta solo de hombres desterrados y malhechores de las Indias; las otras tres son ciudades comerciales. Más arriba está Santiago de Chile, la cual es capital de todo Chile, donde también hay una fuerte guarnición y algunas tropas regulares, en razón de la continua guerra que tienen con los salvajes llamados Araucanos. Más allá, en las montañas, se halla la pequeña provincia de Chucuito, de la cual las principales plazas son San Juan de la Frontera y Mendoza.[66] Alrededor de esos pueblos crece gran cantidad de maíz y abundancia de viñas que proveen al país de Chile y la provincia de Tucumán y hasta Buenos Aires.

Tres semanas después de mi llegada a Potosí tuvieron lugar grandes regocijos por el nacimiento del Príncipe de España, que duraron una quincena, durante cuyo tiempo cesó todo trabajo en la ciudad, en la ciudad, en las minas y en las poblaciones adyacentes, y todo el pueblo, grandes y pequeños, ya fueran españoles o extranjeros, indios o negros, no tuvieron más cuidado que hacer algo extraordinario para la solemnización de las fiestas. Comenzó con una cabalgata,

66 Acarette habla evidentemente de oídas acerca del reino de Chile, lo que explica que confunda la región de Cuyo —formada por Mendoza, San Juan y San Luis— con la de Chucuito, que era una provincia del Alto Perú, en las márgenes del lago Titicaca. (N. del E.)

hecha por el Corregidor, los veinticuatro magistrados de la ciudad, los otros oficiales, lo principal de la nobleza y los caballeros, y los comerciantes más eminentes de la ciudad, todos ricamente vestidos: todo el resto del pueblo y particularmente las señoras, estaban a las ventanas y arrojaban abundancia de aguas perfumadas y gran cantidad de dulces secos. Los días siguientes tuvieron varias diversiones, algunas de las cuales llaman «Juegos de Toros» y otras «Juegos de cañas», varias clases de mascaradas, comedias, bailes con música vocal e instrumental y otras diversiones que eran celebradas un día por los caballeros y otro por los ciudadanos; un poco por los plateros y otro por los mineros; algunas por gentes de diversas naciones y otras por los indios; y todas con gran magnificencia y prodigiosos gastos.[67]

Los regocijos de los indios merecen una nota particular: porque además de estar ricamente vestidos según una manera diferente, y esa bastante cómica, con sus arcos y flechas, en una noche y una mañana, en la principal plaza pública de la ciudad prepararon un jardín en forma de laberinto, cuyas parcelas estaban adornadas con fuentes que arrojaban agua; provistos de toda clase de árboles y flores, llenos de pájaros y toda clase de bestias salvajes, como leones, tigres y otras

67 Torre Revello ha dicho que «los festejos y diversiones eran casi idénticas en todas partes, o por lo menos, en las ciudades más ricas del Nuevo Mundo» (José Torre Revello, Los bailes, las danzas y las máscaras en la colonia, en *Boletín del Instituto de Investigaciones Históricas*, tomo XI, págs. 440, Buenos Aires, 1930). El mismo historiador se ha ocupado de las fiestas coloniales en distintos documentados trabajos, cuya bibliografía se puede consultar en su estudio, Fiestas y costumbres, (Academia nacional de la historia, *Historia de la Nación Argentina*, etc., etc., tomo IV, primera sección, págs. 601-603). (N. del E.)

especies; en medio de los cuales expresaban su alegría de mil diferentes maneras, con extraordinarias ceremonias.

El penúltimo día una cosa sobrepasó a todas las demás, y fue una Carrera de Sortija, que se realizó por cuenta de la ciudad con máquinas muy sorprendentes. Primero apareció allí un buque arrastrado por salvajes, con carga de unas cien toneladas, con sus cañones y tripulación de hombres vestidos con curiosos uniformes; sus anclas, cuerdas y velas agitadas por el viento, que felizmente soplaba a lo largo de la calle por la cual lo llevaban hacia la gran plaza pública, donde tan pronto como llegó, saludaron a la compañía con la descarga de todos sus cañones. Al mismo tiempo un caballero español, representando a un emperador del Oriente llegado para felicitar por el nacimiento del Príncipe, descendió del bajel escoltado por seis caballeros y un hermoso cortejo de criados que conducían sus caballos, en los que montaron para ir a saludar al Presidente de Los Charcas; y mientras estaban haciendo sus cumplimientos, sus caballos se arrodillaron y se mantuvieron en esa postura, ya que antes les enseñaron esa prueba. Fueron después a saludar al Corregidor y a los jueces de Campo, de quienes, una vez que obtuvieron licencia para correr la sortija contra los defensores, se despidieron con gran bizarría, recibiendo muy hermosos premios distribuidos por las damas. Terminada la carrera de sortija, el buque y muchísimas otras barcas que habían sido llevadas hasta allí, avanzaron para atacar un gran castillo, en cuyo interior se fingía estar encerrado Cromwell el Protector, quien a la sazón estaba en guerra con el Rey de España; y después de un combate bastante largo de fuegos artificiales, el fuego se apoderó del buque, de las pequeñas barcas y del castillo, y todo junto se consumió.

Después de esto fueron distribuidas y arrojadas al pueblo en nombre de su Católica Majestad, gran número de piezas de oro y plata, habiendo algunas personas particulares que tuvieron la prodigalidad de arrojar dos o tres mil coronas cada una entre la multitud.

Al día siguiente estos regocijos terminaron con una procesión hecha desde la iglesia mayor hasta la de los recoletos, en la cual fue llevado el Santísimo Sacramento acompañado por toda la clerecía y el laicado; y como el camino de una de estas iglesias a la otra había sido despojado del pavimento para la celebración de otros regocijos, lo volvieron a pavimentar para esta procesión con barras de plata, con las cuales estaba cubierto todo el trayecto.[68] El altar donde la Hostia iba a ser depositada en la iglesia de los recoletos, estaba tan adornada con imágenes, vasos y planchas de oro y plata, perlas, diamantes y otras piedras preciosas, que difícilmente alguien podría haber visto algo más rico: porque los ciudadanos llevaron allí todas las joyas más raras que tenían. Los extraordinarios gastos de todo este tiempo de regocijos fueron calculados en una suma que sobrepasaba las quinientas mil coronas.

Terminadas estas diversiones, el resto del tiempo que permanecí en Potosí lo empleé en completar la venta de las mercaderías, cuyos inventarios llevara conmigo; y me obligué a hacer que esas mercaderías fueran entregadas en un tiempo determinado en Jujuy, y a pagar todos los gastos de transporte hasta allá. Recibí la mayor parte de los pagos en plata,

---

68 Mucho es lo que se ha dicho de la producción metalífera del Cerro de Potosí, pero dudamos que el lujo y derroche de sus pobladores llegara al caso mencionado por Acarette. Bastante tenemos con aceptar el que existiera una calle empedrada entre ambas iglesias. (N. del E.)

principalmente en patacones, plata labrada, barras y piñas, esto es plata virgen, y el resto en lana de vicuña. Cuando hube concluido por completo el negocio para el cual fui enviado a Potosí, abandoné el lugar para volver a Buenos Aires por el mismo camino por donde viniera.

Cargué mis fardos a lomo de mula, que es el modo ordinario de transporte, para pasar las montañas que dividen el Perú de Tucumán. Pero cuando llegué a Jujuy juzgué conveniente hacer uso de carretas, las cuales son mucho más cómodas, y de este modo continué mi viaje: y después de una travesía de cuatro meses, felizmente llegué al río de Luján, que está a cinco leguas de Buenos Aires, donde me encontré con Ignacio Maleo, que había llegado allí antes que yo. Llegó por el río, en un botecito del cual resolvimos hacer uso para transportar secretamente hasta nuestro buque, la mayor parte de la plata que llevaba conmigo. Pensamos que era mejor adoptar este sistema, para evitar el riesgo que podíamos correr de ser confiscados si hubiéramos llevado nuestro buque cerca de Buenos Aires, a causa de la prohibición de exportar oro y plata, aunque esta orden no se observa siempre con regularidad, pues el Gobernador tolera que algunas veces sea llevada privadamente, consintiendo en ello por algún obsequio, o también no siendo muy estricto en la vigilancia de ello.

No debo omitir aquí la razón por la cual los españoles no toleran que la plata del Perú, y de las provincias vecinas, sea transportada por el Río de la Plata, ni que toda suerte de barcos vayan a comerciar allí sin licencia: es por esta consideración, que si dieran franquicias al comercio libre por este lado, donde el país es bueno y fértil, la tierra abundante en frutos, el aire saludable y hay comodidad de transportes, los mercaderes que comercian en el Perú, Chile y Tucumán pronto abandonarían la ruta de los galeones y el pasaje ordinario a través de los mares del norte y del sur y a través del Continente, que es difícil e incómodo, y tomarían la ruta de Buenos Aires. Esto sería infaliblemente causa de que la mayor parte de las ciudades del continente fueran abandonadas, pues en ellas el aire es malo y las necesidades y comodidades de la vida no se pueden tener en tanta abundancia.

Una vez que aseguramos nuestra plata con la precaución que tuvimos, fui a Buenos Aires con el resto de nuestras mercaderías; apenas había llegado cuando fue resuelto nuestro regreso a España. Pero para que no fuera hallado a bordo nada que pudiera dar ocasión a un secuestro, cuando los oficiales del Rey hicieran su visita acostumbrada a nuestro barco, antes de salir del puerto, pensamos que era conveniente embarcar primero solo aquellas mercaderías que ocupaban más lugar, como la lana de vicuña, cuero de varias clases, entre otros, 16.000 cueros de toros, con muchos otros bultos y cofres pertenecientes a los pasajeros que volvían con nosotros, y alrededor de treinta mil coronas en plata, que es la suma más grande que se permite llevar, para pagar todos los gastos necesarios que pueden ocurrir durante el viaje y abonar el barco. Pero después de hecha la visita, acabamos con el embarque de la plata que teníamos escondida, la cual, con el resto del cargamento, podría alcanzar alrededor de tres millones de libras.

Partimos de Buenos Aires en el mes de mayo de 1659, en compañía de un barco holandés, comandado por Isaac de Brac, que iba también ricamente cargado. Nos comprometió a que siguiéramos la ruta con él, porque su barco hacía agua y como este defecto aumentó con la prosecución del viaje, nos vimos obligados a entrar en la isla de Fernando de Noroña, a tres grados y medio al sur de la Línea. Resultó bueno para nosotros, tanto como para el holandés, que nos hubiéramos detenido aquí, porque habiéndosenos ocurrido, por temer lo peor, tomar una nueva provisión de agua dulce, comprobamos que la mayor parte de la que habíamos tomado en Buenos Aires se había derramado, y de cien barriles que creíamos que nos quedaban en nuestro almacén, no nos quedaban sino treinta: por lo tanto, aunque el agua que encontramos allí tenía muy mal sabor y era de mala calidad, lo que hace que los que la beben sufran de cólicos, nos vimos necesitados sin embargo a llenar nuestros barriles con ella: y a aquellos de nuestros hombres que fueron a buscarla de la roca de la cual brotaba, les sucedió un accidente bastante infeliz; porque habiéndose desvestido hasta casi quedar desnudos para trabajar con más comodidad, el calor del Sol los quemó tan intensamente que les puso el cuerpo totalmente rojo y después aquellas partes sobre las cuales el Sol alcanzó con sus rayos con la mayor violencia, se llenaron de bubas y pústulas, las que eran muy molestas y los tuvieron muy incómodos durante una quincena.

Yo desembarqué para ver la isla, que tiene alrededor de una legua y media de circunferencia y está deshabitada. Uno de nuestros pilotos me dijo que los holandeses la poseyeron mientras fueron dueños de Pernambuco, en el Brasil, y que tenían allí un pequeño fuerte, del cual quedan todavía algunos restos; que sembraban mijo y frijoles, de los cuales tenían una cosecha mediana y que criaban muchas aves, cabras y cerdos. Vimos una gran cantidad de pájaros de los cuales algunos eran buenos para comer. Permanecimos allí cuatro días; pero cuando vimos que el holandés no estaría pronto en condiciones de continuar su viaje, puesto que se vio obligado a desembarcar su cargamento y recostar su barco sobre uno de los costados para calafatearlo, izamos velas, y después de un viaje bastante perturbado por las tormentas que sufrimos, las cuales algunas veces nos arrojaban hacia la costa de Florida y algunas veces sobre otras, por fin descubrimos las costas de España. En lugar de ir hacia Cádiz, porque temíamos encontrarnos con los ingleses que estaban todavía en guerra con España, creímos conveniente hacer rumbo hacia Santander, adonde llegamos felizmente a mediados de agosto. Inmediatamente nos informamos de que la flota española venía a amarrar al mismo puerto a su regreso de México, por la misma razón que nos trajo a nosotros allí, y que habían izado velas solo dos días antes de nuestro arribo. Y como los oficiales del Rey de España que habían sido enviados, allí estaban todavía, pensamos que lo mejor era tratar con ellos, lo mismo para salvar la multa en que habíamos incurrido por no volver al mismo punto desde donde habíamos partido que para no ser molestados con su visita: y por cuatro mil patacones que les obsequiamos, fuimos excusados y declarados exentos de la revisación. Por lo tanto desembarcamos nuestra plata y otras mercaderías, parte de las cuales fueron enviadas después a Bilbao y parte a San Sebastián, donde en poco tiempo fueron vendidas y distribuidas entre varios comerciantes, quienes las transportaron a diversos puntos para venderlas.

Cuando terminamos la venta de todas nuestras mercaderías, se hizo una declaración exacta entre todos los que tenían intereses en el barco, tanto de los gastos como de las ganancias de este viaje, acerca de cuyo detalle no me ocuparé. Solo diré, para dar de ello una idea en globo, que los gastos consistían primero en doscientas noventa mil coronas, empleadas en adquirir las mercaderías con las cuales fue cargado nuestro barco en Cádiz y en pagar los derechos de exportación desde España; 74.000 libras por el flete del buque durante diecinueve meses, a razón de 3.200 libras por mes; 43.000 libras más por el pago de setenta y seis marineros, grandes y pequeños, por ese mismo tiempo, a razón de diez coronas por mes, uno con otro; treinta mil coronas gastadas en abastecer el buque durante ese tiempo, tanto para la tripulación cuanto para los pasajeros, ya que hay que hacer muy buenas provisiones, porque en esos largos viajes más allá de la línea, los marineros deben tener buena alimentación y los pasajeros deben tener mucha abundancia de confituras, buenos licores y otras cosas costosas. Dos mil coronas más por los derechos de entrada a Buenos Aires y en presentes para los oficiales de la plaza; y mil coronas de derechos de aduana al salir de allí: más en gastos, impuestos y fletes para transportar nuestras mercaderías desde Buenos Aires a Potosí y desde Potosí a Buenos Aires, a razón de veinte coronas por quintal; cuatro mil coronas más para procurar evitar ser registrados y visitados a nuestro regreso a España; y, en fin, algunos otros gastos, tanto en impuestos de entrada cuando desembarcamos nuestras mercaderías en España, cuanto por otras cosas imprevistas, que no llegaban a sumas importantes.

Estos fueron casi todos los principales renglones de nuestros gastos, los cuales fueron deducidos y pagados, comprobándose entonces que el provecho había sido del doscientos cincuenta por ciento, comprendiendo lo obtenido por los cueros, que llegó a 15 libras cada uno, siendo ese el precio ordinario, aunque no costaban sino una corona de primera mano; y también lo que se obtuvo de los pasajeros, de los cuales llevábamos más de cincuenta a bordo, tanto de ida como de vuelta, lo que no era poco considerable: porque un hombre que no tenía más que su cofre pagaba ochocientas coronas y los demás pagaban proporcionalmente a su pasaje y dieta.

Nos dijeron en Santander que los barcos holandeses que habíamos visto en Buenos Aires, llegaron felizmente a Amsterdam: pero que el embajador español, habiendo sido informado que venían del Río de la Plata y que traían de allá una prodigiosa cantidad de plata y otros productos, tanto por el relato de algunos mercaderes holandeses, cuanto por algunos españoles que habían aprovechado la oportunidad del regreso de esos barcos para volver a Europa, y habían remitido su dinero desde Amsterdam a Cádiz y Sevilla, por letras de cambio, además de las mercaderías holandesas que habían enviado allí; había advertido al Consejo de Indias de Madrid que juzgaba que esa moneda y esas mercaderías eran pasibles de confiscación, porque todos los españoles tenían prohibido comerciar por medio de barcos extranjeros y transportar plata a cualquier otro punto que no fuera España; y de acuerdo con ello se había apoderado y confiscado la mayor parte de ellos, habiéndose salvado el resto por las precauciones que tomaron algunos de los comerciantes, que no tuvieron tanta prisa como los otros.

Habiendo reconvenido al mismo tiempo el embajador cuáles serían las consecuencias de tolerar a los extranjeros que continuaran el comercio con el Río de la Plata sin poner coto a ello, el Consejo tuvo muy en cuenta la advertencia, hasta el punto de equipar un barco con toda prisa en San Sebastián, el cual cargaron con armas y hombres para enviarle a Buenos Aires, con la orden estricta tanto de apoderarse de la persona del Gobernador, por haber tolerado que los barcos holandeses entraran y comerciaran en el país, cuanto para que tomaran una cuenta exacta de las relaciones y conocimientos que los holandeses habían conseguido allí, y también para restablecer allá las cosas en forma, fortificando las guarniciones y armándolas mejor de lo que habían estado en tiempos pasados, para que en el futuro pudieran estar en condiciones de resistir a los extranjeros e impedir su desembarco y comunicación con el país.[69] Poco después de nuestra llegada, Ignacio Maleo, el capitán de nuestro barco, recibió una orden de la corte de España de ir a Madrid, para informar al Consejo de Indias acerca de las condiciones cómo halló y dejó las cosas en Buenos Aires. Estaba deseoso de que yo lo acompañara allá, cosa que hice. Tan pronto como llegamos a Madrid entregó los memoriales, no solo de todo lo que había observado en el Río de la Plata, sino también acerca de los medios que se podrían usar para lograr que los extranjeros tuvieran menos idea de comerciar allí:[70] y lo primero era mantener dos

---

69 «Vino a la pesquisa —dice el cronista Pedro Lozano, pág. 439— por orden de S. M. desde España, el licenciado don Manuel Muñoz de Cuéllar, que pasó después a fiscal de la Real Audiencia de Chile, y sacando a luz su inocencia, con haber descubierto los feos motivos en que estribaba la emulación, quedó el Real Consejo de Indias tan desengañado, que aprobó con agradecimiento los aciertos del gobierno de don Pedro Baygorri». El juicio favorable de Lozano es una consecuencia de que «la religión de la Compañía le debió [a Baigorri Ruiz] un amor tiernísimo», puesto que olvidó que el juez pesquisador pudo comprobar «que durante el tiempo que ejerció el mando habían entrado en el puerto, con el fin de comerciar veintisiete navíos, lo que le ocasionó que por su indigna conducta, conociese por algún tiempo las celdas de la prisión. Todo lo referido estaba corroborado por la fortuna que consiguió acumular» (Torre Revello, pág. 487). Acarette, por su parte, señala la presencia de los navíos ingleses y holandeses que desde luego no tenían licencia para comerciar, y él mismo burló la vigilancia embarcando clandestinamente una fuerte partida de plata. (N. del E.)
70 El capitán Maleo había encontrado el modo de hacer recaer la ley sobre los comerciantes extranjeros, puesto que eliminados hasta del comercio ilegal, él, las autoridades con quienes estaba en entendimiento y demás complicados en el contrabando que verificaba en las

buenos buques de guerra a la boca del río, para disputar e impedir el paso de tales buques mercantes que trataran de ir hasta Buenos Aires; en segundo lugar, enviando cada año dos barcos cargados con todas las cosas que los habitantes de esas regiones necesitan; porque estando así suficientemente abastecidos, no tendrían ocurrencia de favorecer el desembarco y entrada de extranjeros, cuando llegaran allá.

Más todavía, hizo una propuesta de cambiar el acostumbrado camino de llevar las mercaderías, que eran enviadas por el Perú y traídas por vía de los galeones; les aconsejaba que se estableciera en el Río de la Plata, desde entonces, el acarreo por tierra al Perú, lo que se realizaría mucho más convenientemente y a un costo menor, y con menos riesgos que por cualquier otra ruta.

Pero de todas estas propuestas, el Consejo de España realizó solo la de enviar a Buenos Aires dos barcos cargados con mercaderías adecuadas para el país. Y habiendo obtenido Maleo un permiso y una comisión con ese propósito, bajo su seguridad, regresamos a Guipúzcua, para hacer los preparativos de este viaje y poner nuestros asuntos en orden; los cuales despachamos tan bien, que en poco tiempo tuvimos un barco listo para hacerse a la vela, el cual Maleo ordenó que fuera comprado en Amsterdam y llevado al puerto desde donde partiríamos, siendo cargado en parte con mercaderías holandesas y con otras adquiridas en Bayona, San Sebastián y Bilbao, compradas al por mayor y a nuestro riesgo, en cuyo negocio fui empleado, habiéndome encargado de la comisión de Maleo.

Durante estos preparativos y mientras esperábamos el despacho del permiso que le había sido prometido por el Con-

---

costas río platenses, quedaban libres de competidores con la consiguiente ganancia que ello les reportaba. (N. del E.)

sejo de España, sucedió que el Barón de Vateville, teniendo prisa por trasladarse a Inglaterra, en calidad de Embajador de su Católica Majestad y teniendo órdenes de hacer uso del primer buque que estuviera listo para zarpar, tomó el buque de Maleo; el cual con todo solo sirvió para llevar su equipaje, porque el Rey de Gran Bretaña le envió al mismo tiempo una fragata, en la cual cruzó el mar. Durante la estadía que Maleo se vio obligado a hacer en Inglaterra, hizo nuevas provisiones para el viaje a las Indias; y viendo que el permiso todavía no le había sido enviado, juzgó conveniente aceptar una comisión del Barón de Vateville, como Capitán General de la Provincia de Guipúzcua, a mi nombre y al de Pascual Hiriarte, comendando su barco para ir en persecución de los portugueses en la costa del Brasil; que eso nos serviría de pretexto para ir al Río de la Plata.

Fortalecidos con estas órdenes y habiéndonos de tenido en el Havre de Grace para dejar a N... en la costa, quien creyó conveniente regresar a Madrid, para solicitar también una comisión del Consejo de España, para los dos buques con los cuales habíamos convenido que vendrían a reunírsenos en Buenos Aires; continuamos nuestro curso y después de muchos vientos contrarios llegamos al Río de la Plata. Al entrar en él, nos encontramos con dos barcos holandeses que venían de Buenos Aires; los capitanes de los cuales nos informaron que uno de ellos no pudo obtener por ningún medio licencia para comerciar allí, pero que el otro, habiendo llegado antes, en una oportunidad en que el gobierno se veía obligado a enviar un mensaje muy importante a su Católica Majestad, relacionado con el servicio, tuvo la suerte, por la promesa que hizo de llevar a su bordo el correo que se despachaba a España, de encontrar medios de disponer de todas sus mercaderías y de traer de vuelta un rico cargamento. Con lo cual decía la verdad pura; porque tuvo la prudencia, antes de llegar al puerto, de desembarcar sus mercancías más ricas y dejarlas en una isla más abajo, reservándose solo aquellas de más bulto para ser expuestas a la vista de los oficiales; de las cuales había hecho una factura falsa al precio del país, separada de la general, habiendo hecho que el valor de su cargamento ascendiera a 270.000 coronas. Convino con el Gobernador en dejarle esas mercaderías, siempre y cuando le proveyera en cambio de 22.000 cueros a una corona la pieza, 12.000 libras de lana de vicuña a 4 libras 10 sueldos por libra y 30.000 coronas de plata para pagar los gastos de equipar su barco; lo que se realizó satisfactoriamente.[71] Pero bajo el pretexto del trato y mientras cargaban en su barco el cuero, el capitán por bajo mano vendió sus más ricas mercancías por su justo precio, que sumaba 100.000 coronas, y obtuvo por lo menos 400.000. Así el capitán del barco y el gobernador obtuvieron un gran provecho; pero este Gobernador, cuyo nombre es don Alonso de Mercado y de Villacorta, siendo un hombre muy desinteresado, y nada

71 Cuanto Acarette refiere en este párrafo nos ha sido dable confirmarlo en otras fuentes, lo que nos reafirma en la suposición de que su relato es veraz y documentado en todo aquello que comenta por conocimiento directo, en tanto que trastrueca o exagera los hechos cuando los narra de oídas. El gobernador de Buenos Aires, Alonso Mercado y Villacorta, que ofrecía al monarca las seguridades de que se respetaría la prohibición de comerciar con el puerto de Buenos Aires, —«no consentiría —dijo— entrar un pájaro en dicho puerto»— fue el que permitió al barco holandés mencionado por Acarette, cargar «veinte y un mil cueros de toros, diez mil libras de lana vicuña, treinta y un mil pesos en plata, y los víveres necesarios para el viaje», con tal que transportara a España unos pliegos en los que tenía interés y suma urgencia» (Pedro Lozano, pág. 442). (N. del E.)

apegado al dinero, declaró que la utilidad de ese negocio era para el Rey su amo y le dio cuenta de ello por el correo.[72]

Separados de esos barcos, fuimos a anclar frente a Buenos Aires; pero a pesar de todas las instancias y ofrecimientos que pudimos hacer una vez tras otra a este Gobernador, no pudimos obtener nunca su autorización para desembarcar nuestras mercaderías y exponerlas a la venta al pueblo de la plaza, porque para ello no teníamos licencia de España. Solo consintió en dejarnos bajar a la ciudad de tanto en tanto, para procurar víveres para nuestros hombres y otras cosas por el estilo que necesitáramos. Nos trató con este rigor durante once meses, después de los cuales se presentó una ocasión que le obligó a tratarnos mejor y a entrar en una especie de arreglo con nos otros. Había otro barco español en el puerto, el mismo que un año antes había traído soldados

72 Lozano también confirma este dato. «Admitió el partido don Alonso Mercado —dice—, y pareciéndole un señalado servicio para S. M., dio cuenta de todo con autos al Real Consejo» (Ibídem). Siguiendo al historiador jesuita debemos de agregar que «dicho navío, fuera de haber vuelto muy interesado, había servido de puente por donde otros navíos desembarcaran porción considerable de mercancías que traspusieron en el navío de concierto: y que en trueque de ellas, recibieron cantidad grande de cueros, como de barras, piñas, plata sellada y labrada, de que dio cuenta al señor Felipe Cuarto su enviado de Holanda don Estevan Comarca que se halló presente al desembarque de las mercancías y se decía llevaba tres millones» (Ibídem). Esta actitud determinó que se revocase el nombramiento de Presidente de la primera Real Audiencia que se estableció en Buenos Aires, hecho en favor del gobernador Mercado y Villacorta y además se le enviase juez residenciador, a quien no le pareció muy acertado su gobierno «porque aunque entró muy gustoso en la pesquisa secreta, halló algunas marañas que le obligaron a ponerle preso, averiguándole varios desordenes sobre descaminar la Hacienda Real». Sin embargo, al monarca debió parecerle «que sus yerros tenían menos de malicia que de sobrada confianza», por cuanto le destinó al gobierno de Tucumán, en 6 de abril de 1663 (Torre Revello, pág. 489). (N. del E.)

y armas de España para reforzar las guarniciones de Buenos Aires y Chile, del cual he hablado más arriba, el cual permaneció allá todo este tiempo atendiendo a su negocio particular; pero el capitán que lo comandaba no pudo realizar sus negocios con tantísimo secreto, sino que llegó a oídos del Gobernador que tenía pensado, en contra de la prohibición que se había hecho, llevarse una gran cantidad de plata y en efecto se apoderó de una suma de 113.000 coronas, que estaban precisamente listas para ser llevadas, de las cuales el capitán no consiguió que se le hiciera restitución: y temiendo un mayor disgusto, principalmente que él mismo fuera apresado, izó velas para regresar a España, sin aguardar ninguna carta para su Católica Majestad, las cuales el Gobernador le habría confiado; junto con la información que había recibido de las relaciones que los holandeses habían conseguido en el país, que tenía el propósito de enviar a España con toda prisa, como así también algunas personas que había apresado por ser culpables de mantener correspondencia con los holandeses, entre los cuales se hallaba un capitán holandés llamado Alberto Janson. La fuga del navío español, por lo tanto, obligó al Gobernador a alterar su conducta para con nosotros, y a facilitar el retorno de nuestro barco, del cual creyó bueno hacer uso, por falta de otro, para llevar sus cartas y prisioneros a España. Bajo la condición de que tomaríamos sobre nosotros su encargo, nos toleró, por tácito consentimiento, que hiciéramos nuestro negocio, y que nos lleváramos cuatro mil cueros; pero teniendo nosotros grandes relaciones con los comerciantes de la plaza, hicimos nuestros negocios tan bien, que bajo la sombra de ese permiso, vendimos todas nuestras mercaderías y trajimos de vuelta un rico cargamento, en plata, cueros y otros productos: después de lo cual, sin pérdida de tiempo, emprendimos viaje a España.

A nuestra llegada a la ría de la Coruña, en Galicia, recibimos aviso por las cartas que N... nos envió a los puertos de toda la costa, que había una orden del Rey de España de apresarnos a nuestro regreso, porque habíamos estado en Buenos Aires sin licencia. Al saberlo resolvimos (después de haber enviado las cartas y prisioneros que nos habían sido encomendados al Gobernador de la Coruña, por conducto del sargento mayor de Buenos Aires, que vino por los asuntos de aquel país en nuestro barco) salir de aquella ría y marchar a seis leguas de allí, a la rada de Vares, donde encontré un buquecito en el cual embarqué la mayor parte de las cosas que me pertenecían y las de mis amigos. Habiendo recibido aviso de ello el Gobernador de la Coruña, despachó una chalupa detrás de mí, para detenerme; pero usé de tanta precaución y diligencia que nunca pudo dar conmigo: así que felizmente llegué a Francia, al puerto de Socoa, donde por este medio salvé el fruto de mis trabajos y largo viaje. El buque grande que dejé en la rada de Vares no tuvo suerte tan favorable y se puede decir que fue hundido en el mismo puerto: porque habiendo dejado la rada para ganar rápidamente la de Santurce, a fin de asegurar todas las mercaderías que llevaba a bordo, excepto cuatro mil cueros, de los cuales daba cuenta su permiso de desembarco, y habiendo comenzado a poner seiscientos cueros a bordo de un barco holandés que encontró allí, el mal tiempo le obligó a entrar al puerto de donde primero saliera, donde le fue confiscado todo el cargamento para uso del Rey de España, bajo el pretexto ya citado de que no tenía permiso de su Católica Majestad para el viaje.

Mientras sucedían estas cosas, el sargento mayor de Buenos Aires llegó a Madrid; y el Rey de España, habiendo hecho examinar las informaciones que traía, las cuales insistían principalmente en la necesidad que existía de que se enviaran nuevos suministros de hombres y municiones para aumentar las guarniciones de Buenos Aires y de Chile, asegurando mejor el país contra las empresas extranjeras y también contra las tentativas de los salvajes de Chile, inmediatamente ordenó que fueran equipados tres navíos con ese propósito, el mando de los cuales fue dado a N... Había buena provisión de municiones embarcadas en ellos, pero del reclutamiento de soldados no había más que trescientos hombres, de los cuales la mayor parte fueron mandados a Chile. En el mismo barco fueron enviados letrados para formar una corte de justicia, que llaman audiencia, en Buenos Aires, donde solo había antes algunos oficiales para la decisión de asuntos pequeños, siendo remitidas las causas mayores a la audiencia que está establecida en Chuquisaca, llamada por otra parte La Plata, en la provincia de los Charcas, a quinientas leguas de Buenos Aires.[73]

Cuando N... volvió de este viaje,[74] vino a Oyarson, en la provincia de Guipúzcua, su país natal, desde donde me envió

73   «El personal que vino de España, partió en la expedición de Ignacio de Maleo Aguirre, en tres bajeles salidos de Cádiz, año 1663» dice Enrique Ruiz Guiñazú comentando el establecimiento de la primera Real Audiencia de Buenos Aires, (Estudios editados por la Facultad de derecho y ciencias sociales, tomo VII, *La magistratura indiana*, pág. 173, Buenos Aires, 1916). (N. del E.)
74   «La doble actitud de Ignacio de Maleo como capitán de navíos de registro y contrabandista aprovechado, tiene un puesto en este período gubernativo de la colonia entre los comerciantes inescrupulosos, los funcionarios prevaricadores y el pueblo necesitado de toda suerte de géneros y mercancías. Cuando el gobernador don José Martínez de Zalazar designé corregidor, teniente general y capitán de guerra a don Alonso Pastor (agosto 29 de 1663), le extendió instrucciones para su mejor cometido, en cuyo quinto punto le encomendaba pedir al «capitán Ignacio de Mateo (sic) memoria y rrason de los mer-

un informe de su trabajo, y convinimos en tener una entrevista secreta en la frontera. De acuerdo con ello, nos encontramos y nos dimos cuenta de los negocios, en los cuales estábamos ambos interesados, resultando de las cuentas deberme él 60.000 libras, que aún no me ha pagado.

caderes y personas interesadas que binieren en estos tres navios de registro y con ella se haga cavildo y acuerdos ajustando y resolviendo en el que dos de los dichos mercaderes abran tiendas públicas de las mercaderías mas neçessarias en la republica para que los naturales de esta ciudad y su distritto puedan comprar por menor y de primera mano lo que necessitaren anttes que passen a la de los mercaderes de seta tierra que la suben con excesso» (*Acuerdos del extinguido Cabildo*, etc, pág. 430). Conforme con lo informado por Maleo, en la sesión del 12 de setiembre de 1663 fueron nombrados «los capitanes Sebastian de Casa Debante y a Francisco Antonio Tolete mercaderes mas interesados a quienes se notifico abran tiendas publicas de los generos que traen para que gosen los becinos de esta ciudad de lo que tuvieren nesecidad» (Ibídem, pág. 429). (N. del E.)

Libros a la carta

A la carta es un servicio especializado para
empresas,
librerías,
bibliotecas,
editoriales
y centros de enseñanza;
y permite confeccionar libros que, por su formato y concepción, sirven a los propósitos más específicos de estas instituciones.

Las empresas nos encargan ediciones personalizadas para marketing editorial o para regalos institucionales. Y los interesados solicitan, a título personal, ediciones antiguas, o no disponibles en el mercado; y las acompañan con notas y comentarios críticos.

Las ediciones tienen como apoyo un libro de estilo con todo tipo de referencias sobre los criterios de tratamiento tipográfico aplicados a nuestros libros que puede ser consultado en Linkgua-ediciones.com.

Linkgua edita por encargo diferentes versiones de una misma obra con distintos tratamientos ortotipográficos (actualizaciones de carácter divulgativo de un clásico, o versiones estrictamente fieles a la edición original de referencia).

Este servicio de ediciones a la carta le permitirá, si usted se dedica a la enseñanza, tener una forma de hacer pública su interpretación de un texto y, sobre una versión digitalizada «base», usted podrá introducir interpretaciones del texto fuente. Es un tópico que los profesores denuncien en clase los desmanes de una edición, o vayan comentando errores de interpretación de un texto y esta es una solución útil a esa necesidad del mundo académico.

Asimismo publicamos de manera sistemática, en un mismo catálogo, tesis doctorales y actas de congresos académicos, que son distribuidas a través de nuestra Web.

El servicio de «libros a la carta» funciona de dos formas.

1. Tenemos un fondo de libros digitalizados que usted puede personalizar en tiradas de al menos cinco ejemplares. Estas personalizaciones pueden ser de todo tipo: añadir notas de clase para uso de un grupo de estudiantes, introducir logos corporativos para uso con fines de marketing empresarial, etc. etc.

2. Buscamos libros descatalogados de otras editoriales y los reeditamos en tiradas cortas a petición de un cliente.

www.ingramcontent.com/pod-product-compliance
Lightning Source LLC
LaVergne TN
LVHW040202180726
843489LV00007B/2646